High Performers Never
Create Bad Documents

できる人が
絶対やらない
資料のつくり方

清水久三子
ko Shimizu

日本実業出版社

はじめに

「資料作成は総合格闘技」と言ったら驚かれるでしょうか？

資料作成は非常に多くのスキルの合わせ技です。単に文章や図解がうまいだけでは、資料を提出する相手の期待や、その資料を使うシーンにふさわしいものができるとは限りません。

相手の期待値を把握するスキルや、それに基づいて必要な情報を取捨選択するスキル、情報を論理的にまとめるロジカル・シンキングやアイデアを考える思考力、考えたものを理解しやすい表現にするスキルに加え、作成時間や提出までのタイムマネジメント、伝わりやすい説明の仕方など、非常に多岐にわたるスキルが必要なのです。

それにもかかわらず、実際は先輩や上司が作成した資料を見よう見まねでつくることが多く、しっかりと体系的に教えてもらう機会も少ないため、そもそもしっかりとしたつくり方を知らないという方が多いのではないでしょうか？　基礎がわからないまま実戦で勝つのは、とても難しいということは想像がつくでしょう。勝つために必要なことは、基本的なルールを理解していることに加え、「これをやってはいけない」というNGパターンを理解しておくことが必要です。

「勝ちに不思議な勝ちあり。負けに不思議な負けなし」という武道の達人、松浦清山の言葉があります。プロ野球の野村克也元監督の名言としてご存知かもしれません。

資料作成もうまくいかないのには理由があります。うまくいかない理由を理解しないまま試行錯誤を続けても、なかなか勝てるようにはなりません。ましてやさまざまなスキルを複合的に必要とする資料作成では、何が原因で、何が失敗なのかについて、「できる人が絶対にやらない」やり方を知ることにより、それを日ごろから意識することで、より効果的に勝てる資料がつくれるようになります。

私は外資系コンサルティングファームで、コンサルタントとしてさまざまなクライアント企業のプロジェクトで資料をつくり、プロジェクトマネジャーとしてメンバーの資料の確認・修正を行なってきました。さらには人材育成部門のリーダーとして、5000人以上を指導するなど経験を積む中で、「こうしましょう」と正しいやり方を教えるだけでは、あまり効果が出ないということがわかってきました。むしろ、「これをやってはだめですよ」とやってしまいがちなことを伝えると、「え？　それ失敗なんだ！　自分もやっていた……」という気づきが多いことを経験してきたのです。

本書では、「あるある！」とみなさんが実感いただけるNGなやり方と対比させながら、できる人がやっているOKなやり方をたくさんご紹介します。私の失敗例も恥をしのんで書いていますので、よりリアルなイメージを持っていただけると思います。

冒頭にも述べたように、資料作成は多くのスキルや作業が必要となるため、失敗が重なると長時間労働にもつながってしまいます。日本全体で生産性向上が課題となっている今、勝てる資料を、短時間で、確実に作成できるようになることは大きな意味があります。

この本を手に取ってくださったあなたが、これから紹介する方法を実践することで、自分の考えを形にして、仕事の成果を上げていく一助となることを願っています。

２０１７年３月

清水久三子

『できる人が絶対やらない資料のつくり方』　もくじ

第2章
相手が本当に求めていることを見つける

第3章
「メッセージ」はシンプルに表現する

第4章 「ストーリー」で共感を得る

第5章

より伝わる「プレゼン」

第6章

〝ダメ資料〟が劇的に変わる「ビジュアル」

第7章 ケース別・資料作成の極意

カバーデザイン 小口翔平+三森健太(tobufune)
編者協力 佐藤友美
カバーイラスト 山崎真理子
本文イラスト 田中チズコ
本文DTP 一企画

第1章

資料の目的をはっきりさせる

1 いきなりパワーポイントを立ち上げない

資料をつくるとき、いきなりパワーポイントやワードを立ち上げてはいけません。画面に集中してしまうことで「とりあえず目の前のスライドを仕上げる」「資料の枚数を増やす」ことが目的になってしまうからです。これでは、内容のある資料をつくることはできません。では、どのような手順で進めればいいでしょうか。

資料作成3つの基本

資料をつくるときは、基本となる3つの手順を踏むことが大事です

①「目的」をはっきりさせる

②「メッセージ」を明確にする

③「ストーリー」をつくる

ここまではすべて手書きで進めます。手書きのほうが、形式にとらわれずに、自由に発想ができるからです。そしてこれらの3つの手順すべてが明確になったときに、はじめてパワーポイントやワードを立ち上げて、一気に資料を仕上げます。

3つの手順の中でも、**最初に取り組むべきなのは、資料の目的をはっきりさせることです。**

仕事ができる人の資料は目的が明確

企画書であれ、提案書であれ、議事録であれ、資料には必ず「目的」があります。ビジネス資料は小説ではありません。小説のように「人それぞれ、いろいろな解釈をしてくださって結構です」では困りますよね。

商品開発の企画書であれば、決裁者にその商品開発を進めることについて決裁（承認）してもらうことが目的です。

部署の経費を削減するための提案書であれば、部署のメンバーに経費削減案を実行してもらうことが目的です。

議事録であれば、関係者に会議で決定したことと、今後のアクションを確認してもらうことが目的です。

つまり、**「誰に、どんな行動をとってもらいたいのか」を明確に伝えることが、資料のゴール**なのです。

仕事ができる人がつくる資料は、この「目的」が明確です。つまり、その文書を読んだ人がどんなアクションをとればいいのかが、わかりやすく示されているのです。

■「行動」「理解」「感情」を書き出す

資料の目的を整理するには、以下の3段階で考えるとわかりやすくなります。

①相手にどんな行動をとってもらいたいのか（行動）
②そのために相手に何を理解してもらいたいのか（理解）
③そのために相手をどのような心理状態にすべきか（感情）

図1　「行動」「理解」「感情」を書き出す

取引先に企画提案をする（最初の訪問）

1．相手にどんな行動をとってもらいたいのか

・企画に興味を持ってもらい、社内で検討してほしい

2．そのために相手に何を理解してもらいたいのか

・企画の概要と自社に導入するメリット

3．そのために相手をどのような心理状態にすべきか

・「面倒な手続きはなく、簡単に導入できそう」と思ってもらう

目的を見失うと、とんちんかんな資料になる

たとえば、取引先に企画提案に行くとしましょう。まずゴールから考えます。この資料をつくることで、相手にどんな意識を持ってもらいたいと考えるでしょうか。

1度目の訪問の目的は、その企画に興味を持ってもらい、社内で検討してもらうことになるでしょう（行動）。そのため、まずは企画の概要と、相手が感じるメリットを中心とした簡単な資料をつくり、企画の内容をわかりやすく伝えます（理解）。

ここで、まだ企画が進行するかどうかわからない段階なのに、細かく書かれたガントチャート（進行スケジュール管理表）を見せようものな

ら、相手は取りかかる前から面倒な感じがしてしまうでしょう（感情）。企画自体にも興味を持ってもらえなくなるかもしれません。

資料の目的をしっかりと意識しないと、このような感じで求められていない資料をつくってしまうことになります。

このように、「行動」「理解」「感情」の3つに分けて考えると、資料の目的がわかりやすくなります。

「そんなことはわかっているよ」と思うかもしれません。けれども、実際にこれまでの私の部下がつくった資料や、セミナーに参加するみなさんの資料を見ていると、何を目的にしてつくった資料なのかがわからないことがよくあります。

この資料の目的は何か？

最初にこの問いかけをするだけで、資料の完成度は格段に高くなります。

まずは資料をつくる目的を紙に書く

NG

いきなりパワーポイントを立ち上げて資料をつくる

目的が曖昧なまま、パワーポイントやワードを立ち上げて資料をつくりはじめてしまうと、大局が見えなくなってわかりにくい資料ができてしまいます。

OK

まずは紙に「この資料で相手にどんな行動をとってもらいたいか」を書き出す

仕事ができる人がつくる資料は、ゴールが明快です。パソコン画面に向かう前に「行動」「理解」「感情」の3つに分けて、資料の目的を書き出しましょう。

2 資料の使われ方を意識する

徹夜して一所懸命つくった資料を、会議でほとんど見てもらえなかったり、詳細に分析したデータやグラフィックを駆使した資料を提出したら、上司に「時間の無駄」と言われてしまった、会議であまり見てもらえなかった、という経験はありませんか。これは、資料をどう使うかを見極められなかったことが原因です。限られた時間で効果的な資料をつくるためには、資料の「使われ方」を意識しましょう。

いい資料≠手の込んだ資料

自分が会社のために使う時間は、そのまま会社のコスト（人件費）になります。ですから、どんな資料をつくるのにも、常にすべての情報を盛り込み、さまざまなテクニックで加工するような全力投球をしていては、コスト感覚がないと言われても仕方ありません。**資料の使われ方によって力配分を考えましょう。**

たとえば、あなたが上司から「実際にやるかどうかわからないけれど、1時間程度、みんなで商品のキャンペーンについて、ざっくばらんにアイデアを出し合いたい」と言われたとします。

こうしたミーティングで必要な資料とは、どんなものでしょうか。

「アイデアを出し合う」という目的から考えても、みんなで自由に発言し合うことが求められています。だとしたら、もし資料を用意するとしても、メモ書きや箇条書き程度のもので十分でしょう。

このときに、何時間もかけて調査をした膨大な20枚ものデータ資料を徹夜をして完成させ、出したとします。でも、その資料を読み込むだけで**参加者の時間を使ってしまいます**。よかれと思って資料をつくり込んだとしても、会議の目的に沿っていなければ、その資料に価値はないどころか、むしろみんなの時間を奪うので、マイナスになってしまうのです。こういうときは、A4・1枚程度の資料で十分です。ここでも、資料の目的を意識していくことが大事です。

必要な資料の種類は変化していく

ただし、こうしたミーティングも、段階を追うごとに求められる資料の種類や重要度が変わってきます。

最初はざっくばらんなアイデア出しだったミーティングも、もしそこで「新しいキャンペーン企画を進めよう」となったら、現状分析や競合の調査などが必要になってきます。二度目の会議では、調査報告のような資料が求められるでしょう。

調査結果を分析した結果、その企画を進めることになったら、次に必要になるのは企画書や提案書になります。さらには、誰がいつまでに何をするかの、アクションをともなったより精緻な行動計画資料も必要になります。

最終的には、その企画を行なった結果、どのような効果があったのか、反省点や改善点はなかったかなどの、活動報告書に結実していきます。

このように、会議の目的によって資料の使われ方や求められる精度は変わります。**的はずれな資料をつくって無駄な長時間労働をしないようにしたいものです。**

資料の種類によって費やす時間を考える

NG

20枚組のミーティング用資料を、徹夜で完成

社内共有の資料のために、過剰なグラフィックやつくり込みは不要です。「資料づくりで忙しい自分」に満足するのではなく、その資料で何を達成すべきなのかを考えましょう。

OK

ミーティング用資料はA4・1枚程度で十分

仕事ができる人は、会議の種類によって資料の重要度が違うことを知っています。目的さえ達成されるのであれば、簡素な資料でも十分です。

3 いい前例を下敷きにする

資料は常にゼロからつくるのではなく、いい前例を下敷きにして効果的に作成しましょう。上司や先輩がつくった資料を読み込んで参考にすれば、資料づくりの時間を短縮できます。さらに、わかりやすい資料がどういうものかを見極めるスキルが身につき、あなたの一生の財産になります。

読み比べてわかる「いい資料」「ダメな資料」

先輩がつくった資料を参考にするとき、単にコピー&ペーストをするだけだと、自分で考える力がいつまで経っても身につきません。ひとつの資料だけを参考にするのではなく、**いろいろな資料を見て、自分なりのフォーマットをつくるのがいいでしょう。**

経営コンサルタントの大前研一さんは、マッキンゼーに勤めていたとき、データべース上で読むことができる世界中のマッキンゼーの資料を読んだと言います。「自分で体験できるプロジェクトの数は限られているけれど、世界中の資料を読むことでそのプロジェクトを追体験でき、自分の経験値を増やすことができた」と大前さんは語っています。

資料を読み比べてみると、わかりやすい資料とダメな資料があることに気づきます。資料を「見る目」が養われてくると、「伝わる資料」「伝わらない資料」を一目瞭然で判別できるようになります。

自分の専門分野の資料に関しては、社内で手に入るものは一度すべて読んでみることをおすすめします。自分の専門ではない分野であれば、その領域の人におすすめを聞いて、セレクトされたものを読んでみてください。

では、わかりやすい資料に共通するポイントは、いったい何でしょうか？

わかりやすい表現方法をストックしていく

わかりやすい資料かどうかを見分けるコツは、アジェンダや目次と言われている部分を見ることです。**目次をぱっと見て全体像がつかめる資料は、わかりやすい資料で**

す。逆に、目次を見ても意味がよくわからない資料は、本文を見てもだいたい論理が破綻《はたん》しています。目次は資料を作成した人の考え方を表現しているからです（目次のつくり方は128ページで紹介します）。

さらに、「これはわかりやすい」という表現があったら、ピックアップしておきましょう。たとえば、このスケジュールの書き方はわかりやすいとか、この表の並べ方は説得力が増すなどと感じた表現方法は、なぜわかりやすいのかを自分なりに考えることをくり返し、ぜひ自分のものにしていくことを、習慣化するようにしてください。

社内資料と社外資料の違いは「前提」にあり

前例を参考にするときは、その資料の距離間、つまり社外向けか社内向けなのかを意識することが大事です。

たとえば、社内の人に向けて説明するための資料は、もともと共通言語が多く、社内前提も共有しているので、簡潔に説明しても伝わります。一方で、社外の人に見せる資料は、丁寧に説明しないと伝わらなくなります。お客様や専門知識がない人は、前提知識があまりないものとして作成しましょう。

フォーマット化して時間を短縮する

NG

いつも新鮮な気持ちで資料をつくる

常にゼロから資料をつくるのは時間の無駄です。ある程度はフォーマット化して、時間短縮ができるようにしましょう。

OK

先輩がつくった資料を参考にする

上司や先輩がつくってきた資料は宝の山です。できるだけ多くの資料に触れて、わかりやすい構成や表現方法を参考にしましょう。

4 提出期限遅れの資料は紙くず同然

資料づくりの大前提として、提出期限までに完成しなかった資料は、ビジネスシーンではまったく価値がないものとみなされても仕方ありません。たとえあなたがどんなにがんばっても、どんなに凝った資料をつくっても、その資料が必要な打ち合わせや会議に間に合わないようでは意味がありません。そのため、仕事ができる人ほど納期に余裕を持ってスケジュールを立てています。

資料のレビューは最低3回

もしあなたがまだ資料づくりに慣れていない段階で、重要度の高い資料の作成を任された場合は、最終的な資料を完成させる前に、最低でも3回は上司のレビュー（確認）をもらうようにしましょう。

チェックしてもらうのは、以下の3つの段階に分けると効果的です。

①方針レビュー
②ドラフトレビュー
③最終レビュー

それぞれどういうものか説明していきましょう。

●「方針レビュー」でゴールを確認する

1回目のレビューは、方針を確認してもらうためのものです。これは、資料の目的が整理できているかをチェックしてもらうために行ないます。相手のプロファイリングが終わったタイミングでレビューしてもらうといいでしょう（プロファイリングについては58ページで説明します）。

この段階では、口頭で、「**こういう相手に、このような行動をとってもらいたいので、こんな資料をつくろうと思います**」と、上司に伝えられれば十分です。

この最初の一歩の踏み出し方を間違えると、その後、どんなにがんばって資料をつくっても無駄骨になってしまいます。特に慣れないうちは、このタイミングでレビューをしてもらうことはとても大事なことです。

慣れてきたら、資料づくりを頼まれた段階で、依頼者に方針をすぐに確認できるのが理想です。

「ドラフトレビュー」で論理の展開を確認する

2回目のレビューは、「メッセージ」と「ストーリー」が組み上がったタイミングでお願いしていきます（「メッセージ」は第3章で、「ストーリー」は第4章で紹介します）。いよいよパワーポイントやワードを立ち上げて、一気に資料化する段階の前。ここで一度、レビューしてもらいましょう。

私はこの段階での確認を、ドラフトレビューと呼んでいます。ドラフトとは、下書き、原案という意味です。

このドラフトレビューはとても重要です。

下書きの段階で、口頭で説明をしたときに、話しにくいところや言いよどんでしまうところがあったとしたら、その資料の構成には、どこかに論理破綻《はたん》があると考えて間違いありません。論理が破綻《はたん》しているから、話に無理が生じるのです。ですから、この**ドラフトレビューでは、全体を通した論理に矛盾がないかを確認してもらうことが大切です。**

最近はパワーポイントの使用を禁止している企業も増えています。そのような会社では、自分の言葉で議題を提案して、要旨を伝えられれば十分とされています。逆に言うと、このドラフトレビューでちゃんと主張が伝えられれば、資料づくりは8～9割、終わったも同然なのです。

「最終レビュー」で抜け漏れをチェックする

最終レビューは、ほぼ本番前のリハーサルのようなものです。

誤字脱字がないか、グラフがわかりにくくないかどうかなど、見た目やプレゼンのチェックをして完了です。

資料づくりに慣れている人であれば、方針レビューと最終レビューだけでもいいかもしれません。ただ、その場合でも、**少しでも不安を感じたら、人に話をするクセをつけるといいでしょう。**

資料の目的は、「資料を読んだ相手に何らかの行動を起こしてもらうこと」だと説明してきました。その目的からズレていないかを確認するときに、第三者の意見が参考になってくるのです。

根本的なズレを早期に回避できる

また、そもそもギリギリに提出した資料がまったく的外れな内容だった場合、時間がなく、やり直しができないため、取り返しがつかない事態に陥ってしまいます。それを防ぐことができるのも、3回のチェックなのです。

方針レビューで大きな方向性を確認し、さらにドラフトレビューで下書きを確認してもらったとき、ここで内容にズレがあったとしても、修正をする時間があります。

図2　資料の方向性がズレないようにする

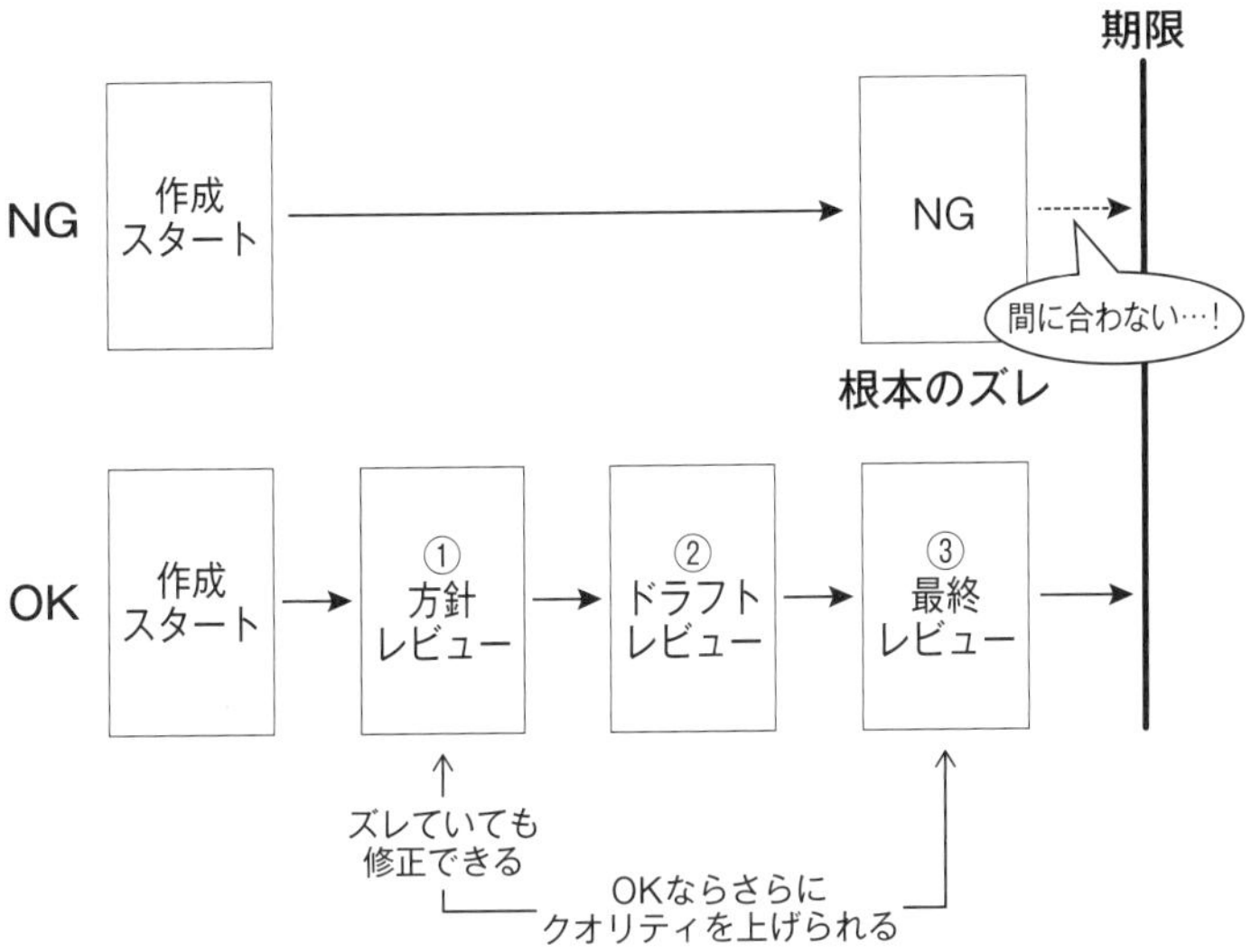

また、そもそも方針レビューの段階で方向性を確認できているので、大きなズレはないはずです。

さらにメリットがあります。ドラフトレビューで内容がよければ修正の時間がとられないことになり、さらにクオリティを上がることが可能になってくるのです。

このように、資料の方向性を間違った認識のもとで進めてしまわないためにも、早めのチェックをしてもらうことが重要なのです。

早く提出するほど満足度が上がる

私も、自分の原稿や資料を納期ギリギリに提出してしまうことがあるので、あまりえらそうなことは言えないのですが、資料は、早く出せば出すほど相手の期待値を上回ることができます。

同じ資料を出すのであれば、1日でも早く提出したほうがよろこばれます。締め切りを少し早めるだけで相手の満足度が上がるのであれば、なるべく早く提出できるようにプランニングしたいものです。

万が一遅れる場合も、早めに申告して、現在できている部分までは先行して送るなどの対処をすることを心がけていきましょう。

資料の方向性がズレないように上司に3回チェックしてもらう

NG

提出期限に間に合えばＯＫ

ギリギリに提出して、中身がズレていたら取り返しがつかなくなります。

OK

途中で3回、上司にチェックしてもらう

慣れないうちは、上司に最低3回のレビューを予定してもらいましょう。レビューごとに改善し、納期を前倒しできればベストです。

Column 1

長時間労働にならないために

「資料作成の時間を３時間確保できた。じっくりつくろう！」
そう思ってはじめたのに、気がつけば時間切れでまた残業……という経験はないでしょうか？

これは、作業工程を詳細化できていないことが原因です。「１つの資料を完成させるために３時間」ではなく、たとえば、「情報収集30分、仮説構築30分、メッセージと構成作成45分、スライドイメージ作成45分、パワーポイントで作成30分」と、作業工程ごとに時間を見積もりましょう。こうすると５分も無駄にできないことが実感できませんか？　できれば、タイマーなどを設定しておくと、さらに集中せざるを得ない状況になります。

作業時間を分ける基準としては、「発散する」「収束する」「形にする」の３つです。発散とは情報を広く集める作業、収束はまとめたり、結論を出す作業、形は資料として完成させる作業です。この３つは考える方向性が異なるため、同時にやるとスピードが出にくくなります。

情報収集をインターネットで行ないながら、パワーポイントで資料を作成する……これは発散と収束と形にする作業をしている典型的な例です。資料をつくりながら考えるのは、一見速いように思えますが、まったく逆なのです。

時間を区切って情報収集したうえで、次はインターネットから遮断された環境で、パソコンを使わずに考え抜く収束作業を紙で行ない、どんな表現をするかスライドイメージまで手書きで行ない、最後にやっとパソコンを広げて一気に迷いなく仕上げる……。このように、時間も使うツールも分けたほうが、圧倒的に仕上がりまでの時間は短くなります。

第2章

相手が本当に求めていることを見つける

5 相手がどんな期待を持っているかを考える

資料をつくるときには、その資料を読む相手がどんな期待を持っているのかを考えることが大切です。ひとりよがりの資料を作成しても、相手が求めているものでなければまったく意味がありません。まずは、相手が求めているものを意識することからスタートしましょう。

その資料に何を期待されているのか？

たとえば、上司（部長）から「うちの新商品が出た後、競合商品の動向がどうなっているか調べてまとめておいて」と言われたとします。

このときに、上司に言われたまま、ただ競合商品の動向を調べるだけでは、仕事ができるとは言えません。

その上司は、何のためにその資料を使おうとしているのでしょうか。

上司自身が競合の状況を分析するためでしょうか。それとも、その分析を部長会で発表するためでしょうか。ひょっとしたら、新しいパートナーを獲得するための資料として、新規の顧客候補に見せるためかもしれません。

このように、相手（この場合は部長）が何を期待して資料をつくってほしいと言っているのかを知ることが、資料づくりのスタートになります。

自分の言いたいこと≠相手の期待

相手の期待を把握できていないときによくやりがちな失敗が、自分の言いたいことだけを伝える資料をつくってしまうことです。

「相手はきっとアレもコレも知りたいだろう」と思って資料をつくるのですが、それは単に**自分が伝えたいことを並べただけであって、相手が期待している情報ではない、ということはよくあることです。**

たとえば実際にこんな文書を見かけたことがあります。

ある会社が運営しているWebサービスが、システムメンテナンスで休止することを伝える文書が、会社のホームページに掲載されていました。

ところが、そのシステムメンテナンスのお知らせには、なぜこのメンテナンスが必要なのか、どんな手順でメンテナンスするのか、それによってどの部分の不具合が修正されるのかといったことが、延々と書かれていたのです。

でも、ユーザーが知りたいのはそんな情報ではありません。「何時から何時までサービスが休止するのか」「そのときに何かトラブルが起こったら、どこに問い合わせをすればいいのか」という情報がわかれば十分です。おそらく、この文書を書いた人は、ユーザーの期待を意識せず、自分がどれだけ仕事をがんばっているかをアピールしてしまったのでしょう。

このような告知文書だけではなく、提案したい企画や商品、サービスなどがある場合も、注意が必要です。そもそも相手がその提案を期待しているかどうかを考えずに資料をつくると、ひとりよがりな提案になってしまいます。

資料をつくるときは、常に相手の期待を考えましょう。

言われた通りの資料をつくらない

NG

上司に言われた通りに資料をつくる

資料は相手の求めている内容によって変わります。もし、相手が求めているものが明確でなければ、必ず確認をしましょう。

OK

上司の期待を考えて資料をつくる

人から頼まれた資料であっても、何を期待されているかを考えることで、相手の満足度を上げることができます。

6 相手の理解度に合わせて比喩を使う

資料づくりにおいて、相手の期待を知ることと同じくらい重要なのが、相手の理解度はどれくらいかを把握することです。相手の理解度に合わせて、比喩を使ったり、たとえで言い換えたりして、わかりやすい資料を目指しましょう。

最後の質問で愕然

こんなことを言っておきながら、実は最近、私自身も「相手の理解度に合わせた話をしなくてはいけない」と痛感したことがありました。

ある自治体に呼ばれて、ダイバーシティ（働き方の多様性）についての講演をしたときの話です。

1時間の講演を終え、最後に「何か質問はありますか？」と聞いたところ、会場にいた方から「ダイバーシティって何ですか？」と質問されたのです。嘘のような話ですが、実際にあったことです。

このときは、講演のタイトル自体が「ダイバーシティを考える」といったものだったので、まさか「ダイバーシティ」という言葉自体を知らない人が参加しているとは思っていませんでした。きっとその方は、1時間の講演の最中、ずっと頭の中が「？」で埋め尽くされていたことでしょう。

でもよく考えてみたら、地方自治体が主催する講演会ですから、他にもそういう方がいたかもしれません。「ダイバーシティ推進部」のような場所で働いている人たちとは、理解度が全然違って当たり前です。私も深く反省しました。

この資料で相手がどれくらい理解できるのか？

相手の理解度を把握するとは、言い換えると「**資料を読む相手が、何を知っていて、何を知らないかをわかっている**」ことです。

前節の例でいうと、上司が競合分析をするための資料であれば、上司がすでに知っている情報を書く必要はありません。

でも、部長会で発表するための資料であれば、他の部署の人たちが見てもわかるように、競合の立ち位置も知らせなくてはいけないかもしれません。

さらに、新規の顧客候補に見せる資料なのであれば、先方は自社の商品についてほとんど何も知識がない前提で、資料をつくる必要があるでしょう。

相手の理解度によって、同じデータを伝えるのであっても、どれくらい丁寧に説明をしたほうがいいのか、どの数字を強調したらいいのかなど、フォーカスポイントが変わります。

期待と理解で伝え方が変わる

相手の「期待」と「理解度」の把握。この2つの軸を意識すると「何をどのように伝えるか」の戦略が決まります。

たとえば、一眼レフのカメラをプロモーションするための資料（パンフレット）をつくるとします。カメラが大好きで数台所有しているカメラマニアと、写真なんてスマホで十分と思っているお母さんとでは、アプローチの仕方がまったく変わるはずです。

カメラ好きの人に対しては、機能面でどれだけ今までのカメラと差があるのかを、効果的に伝えるのが王道かもしれません。

一方で、カメラにまったく興味のないママには、「運動会って、スマホだとお子さんの活躍シーンがなかなか上手に撮れなくないですか？」といった身近な課題を見つけてアピールするのもひとつの手でしょう。

このように、相手の「期待」と「理解」を把握することで、どんな資料をつくればいいかシナリオを考えることができるのです。

比喩は相手のタイプに合わせて変える

比喩やたとえを使って、相手にわかりやすく感じてもらうのも常套手段です。

たとえば、「いろいろな部署からエースが集められた強い組織です」ということを伝えたいとします。これを、「読売巨人軍みたいなものです」と野球にたとえるのか、「レアル・マドリードのようなものです」とサッカーにたとえるのか。これは相手によって変えるべきです。そうした相手の趣味趣向は、日ごろのちょっとした会話、やり取りでわかるものです。会話する際にはそうした点も意識してみてください。

相手にとって、どんな比喩がわかりやすいか、考えながら資料を作成していきましょう。

相手に合わせた比喩を使う

NG

（野球好きの人に）

サッカーでたとえてみると……

比喩やたとえは、相手がよく知っている分野のものごとに置き換えられたときに、はじめて効果を発揮します。相手のタイプによって使い分けていきましょう。

OK

（野球好きの人に）

読売巨人軍みたいなもので……

仕事ができる人は、相手によって比喩やたとえを変えます。同じデータを扱ったとしても、たとえる部分や事例だけを変更することで、相手の理解度を深めることができます。

7 ターゲットが誰なのかをはっきりさせる

10人出席する会議があったとして、その10人全員に向けた資料をつくる必要はありません。できる人がつくる資料は、ターゲットが明確です。「誰にどんな行動をしてもらいたいのか」の「誰に」の部分に、はっきりピントが合っているのです。フォーカスポイントがわかりやすい資料ほど、最終目的を果たしやすくなります。

本当のターゲットは誰か？

今からつくる資料のターゲットが誰なのかを把握できていなければ、いい資料をつくることができません。

逆にターゲットさえ明確であれば、最終的にその資料が「ターゲットのどんな期待を満たせばいいのか」を追求すればいいので、資料の目的と道筋がはっきりします。

たとえば、ファッション誌の企画会議で新しい着こなしの企画をプレゼンするのであれば、最終決定権を持っている編集長に、「その企画を進めてもいい」と判断してもらうことが目的になります。この場合、編集長が一番のキーパーソンで、その資料のターゲットになります。

社外の取引先に提案をするときも同様で、決定権を持っているのが誰なのかを見定めるところから勝負ははじまります。たとえ先方の部長の承認が得られればいいとしても、現場の社員の中心人物が強い発言権を持っているということはよくあります。

どの人を口説けば目的を達成できるのかは、常に考えなくてはいけません。

メインターゲットとサブターゲットを意識する

ターゲットは必ずしも1人とは限りません。

先ほどの雑誌の企画会議であれば、編集長が最終決定権を持っていたとしても、その分野に詳しい先輩（たとえばファッション班のチーフなど）の後押しが必要なのであれば、メインターゲットが編集長、サブターゲットがチーフになります。

社外の取引先に関しては、もし現場のリーダーが決定を左右するほどの大きな発言力を持っているのだとしたら、メインターゲットはそのリーダーで、サブターゲットが部長になるでしょう。

私は、新任の管理職の人に向けてリーダーシップ研修を任されることがあります。そこでは資料をつくって講演を聞いてもらったり、演習をしてもらったりするのですが、やはりターゲットを明確にすることを意識しています。

この場合、メインターゲットはもちろんその研修の受講者です。けれども、依頼者（人事など）の期待にこたえることも大事です。

このような場合、メインターゲットの受講者に対しては、「リーダーシップのありかたを理解してもらう」ことが目的になり、サブターゲットの依頼者に対しては、「受講者の成長が実感できること」が目的になるでしょう。

常にターゲットが誰なのかを意識していると、最終的なゴールが明確になり、相手の期待にこたえる資料をつくることができます。

ターゲットに伝わる資料にする

NG

出席者全員に伝わるようにする

会議に出席している人全員に向けてつくった資料は、焦点がぼやけてしまいがちです。「誰にどんな行動をしてもらいたいのか」の、「誰に」の部分が曖昧になるからです。

OK

メインターゲットに伝わるようにする

資料の目的は、誰かに何かのアクションをとってもらうことです。その相手が誰なのか、ターゲットを把握できていると、目的が達成しやすくなります。

8 相手の課題を把握する

提案型の資料をつくる場合には、相手の課題を把握していないと、ひとりよがりの文書ができてしまいます。それを避けるためにも、相手の課題は何なのかを考え、その課題の解決策を提示する考え方を身につけましょう。

相手が知りたいことは何なのか？

商談用に自社製品の提案をするための資料をつくるとき、ありがちな失敗が、自社製品のメリットばかりを羅列する資料をつくってしまうことです。

たとえば、パソコンメーカーの場合で考えてみましょう。「史上初の商品で、開発に5年かけました。デザインの有名な賞も受賞しました」という自社製品の特徴は、相手にとってどんな意味があるでしょうか？

「世界最小最軽量」「デュアルコアプロセッサ搭載」など、機能やスペック（仕様）だけを伝えても、相手は「それで？」と思ってしまいます。
「とても軽くて小さいので、オフィスの個人デスクに設置可能」と、「デュアルコアプロセッサ搭載」であれば、「エンジンが2つついているので、遅くなりがちな動画編集とウィルスチェックが同時に実行できます」など、相手のメリットに変換することが必要です。

また、逆に一見デメリットと思えることも、メリットに変換して伝えることもできます。たとえば、「機能が少ない」ということも、「シンプルな機能なので操作に迷うことがありません」など、必ず相手のメリットになることはあるのです。

自社の製品の強みは、相手のメリットに変換して伝えなくてはなりません。あなたの課題を解決するひとつの策として、「この製品が役に立ちますよ」という話し方の順番で伝えるべきなのです。

次から次へと出てくる資料

知り合いに、お客さまから必ず契約をとってくる凄腕のパートナーがいます。

彼はお客さまと話すとき、最初は少ない枚数の紙資料で話を進めます。そしてお客さまから、「ウチにはこういう問題があってね」と言われると、「なるほど、わかりました」と、鞄の中から別の資料を出してきて、その解決法を提案するのです。

話がさらに進んで、「でも、さっきの問題だけじゃなくて、こういう問題もあるんだけれど、それは解決できるのかな？」と聞かれると、また「なるほど、わかりました」と、鞄の中からまた新しい資料を出して説明をします。

最後にはお客さまから、「もう、その鞄の中身を全部売ってくれない？」と言われるほどなのです。

彼が、最初から、その鞄の中身をフルセットで資料にして伝えていたら、相手のお客さまは、彼をそこまで信頼することはなかったでしょう。

とにかく商品が売れればいいという態度ではなく、自分たちの課題に合わせて、そのつど絶妙なタイミングで解決法を提案してくれるところが、お客さまに信頼されていた理由だったと思います。

これもやはり、相手の課題を先に聞き出してから提案をするとうまくいく、最たる例に思います。

先に伝えれば説明、後で伝えれば言い訳

できる人は、相手の課題を考える場合、その先の将来像まで見据えて資料段階で提案しています。

どうしても自社の商品やサービスを売りたいがために、受注するまでの期間や契約期間のことにしか目がいかない人もいます。けれども、相手の課題をしっかり見据えていれば、契約期間が終わった後にどんなことが起こりうるかを的確に予測し、事前に伝えられるはずです。

たとえば、新しい人事評価制度を導入したとします。最初は現場の士気も高く、従業員満足度も上がることが予想されます。でも、いずれその士気や満足度は、停滞し、場合によっては下がることもありえます。それが予見できているのであれば、先にお伝えしておくほうがいいのです。

ビジネスでは、あらかじめ伝えておいたことは「説明」になります。

「おそらく1年後に現場の士気が下がることも考えられます。でもそれは織り込み済み。対処法はA、B、Cです。それでもうまくいかなければご相談ください」と伝えておけば、実際にマイナスの事態が起こっても、「どうなってるんだ！」と先方に詰められて大慌てしてしまう、などということはありません。

むしろ、「いいことも悪いことも伝えてくれてありがとう」と、その誠意を評価してもらえます。将来起こりうる課題を解決するために、契約を延長してもらえる可能性もあるでしょう。

逆に、響きのいい言葉ばかりを連ねて、将来起こりうるネガティブな要素を伝えていないと、「聞いてなかった！」となってしまいます。そうなってしまった時点で何かを伝えても、それは「言い訳」にしかなりません。

相手の課題を考えるときは、現状だけではなく、将来を見据えて提案をしていきましょう。そして、その内容を資料に入れるようにしましょう。

相手が知りたいことを把握して提案する

NG

自社の製品やサービスを提案する

相手の課題を意識していないと、自社製品の押し売りになってしまいます。資料も同様です。相手の課題に合わせた提案を盛り込みましょう。

OK

相手の課題の解決策として、自社の製品やサービスを提案する

仕事ができる人は、相手に「これがほしかった」と言わせる提案ができます。今だけではなく、将来にわたっての相手の課題を考えましょう。

9

あなたの常識は、相手の非常識

資料をつくるとき、「自分が知っていることはすべて出し尽くさなくては」と思っている人はたくさんいます。しかしながら、最近は、どの分野の仕事も細分化して専門性が増しています。あなたにとっては常識的なことでも、相手にとっては専門的すぎて理解できないこともありえます。軽食を食べたくて入ったレストランで、フルコースのディナーが出てくるような、「大盛り」の資料になってはいませんか。相手が消化できる量、理解できる説明で、資料をつくりましょう。

最初から大盤振る舞いは相手にとってもストレス

一所懸命つくった資料なのに、「何が言いたいかよくわからなかった」「情報が多すぎてお腹がいっぱい」と言われたことはありませんか？

資料に盛り込める内容が100個あったら、そのすべてを盛り込みたくなる気持ちはわかります。それを誠意のように思ったり、自分の存在意義のように感じたりして、やたらと細かい資料をつくってしまう人が多くいます。

けれども、ちょっと相手の立場に立って考えてみましょう。

もし、それが相手の専門分野ではなかったとしたら、その資料を理解するだけでもひと苦労かもしれません。ITの知識も金融の知識も、知っている人と知らない人の間には、大きな差があります。

相手がその資料を読むのに膨大な時間がかかるようだったら、相手の貴重な時間を奪ってしまうことになります。そもそも、「なんだか難しそうだからやめようか……」と読んでもらえない可能性もあります。

もちろん、最終的には出し惜しみなく伝えてもいいのですが、最初はちょっとずつにします。相手が消化できる量で、相手が理解できる言葉で伝えていきましょう。

『週刊こどもニュース』を目指そう

相手が自分と同程度の専門知識がある場合をのぞいて、資料をつくるときは、できるだけ専門用語やカタカナ語を使わずに、誰もがわかる言葉を使うようにしましょう。

言ってみれば、『週刊こどもニュース』時代の池上彰さんのように、難しいことを簡単に、子どもにもわかるように翻訳して伝える技術が必要なのです。相手が資料を読んで「なるほど」「簡単そうだ」と思い、家族や友人にも説明できるくらいわかりやすくできると成功だと思っています。


たとえば、最近のＩＴの専門用語で「オールフラッシュストレージ」という言葉を使うとしましょう。いかにも「難しそう」と思われてしまいそうですが、次のように説明するとしたら、どうでしょう。

「ストレージとはデータが保管される場所のことです。オールフラッシュストレージはその中でも非常に高速なもので、自動車にたとえるとＦ１のような速さです。通常10時間くらいかかる処理を、１時間で実行できます」

このように表現すれば、格段に理解しやすくなります。

相手が知らない専門用語を使う場合には、まず相手が理解しやすい比喩や例を挙げて説明したうえで、はじめて専門用語を使うようにしましょう。

相手が消化できる量で説明する

NG

最初からフルセットで伝える

最初からフルセットの資料を用意したところで、それは自己満足にすぎません。相手の理解レベルを想像して、使う言葉や資料を出すタイミングを考えましょう。

OK

消化できる量を小出しにする

最初は「簡単そう」「面倒じゃなさそう」と思ってもらえたほうが、次のステージに進みやすくなります。最終的にはすべてネタを出しつくすとしても、最初は相手が消化できる分量で伝えましょう。

10 プロファイリングで資料の質を上げる

相手が資料に何を求めているかを知るためには、そのターゲットのプロファイリングを行ないましょう。ここで言うプロファイリングは、相手の期待値や理解度、そして課題をあぶりだすことです。わかりやすい資料をつくるうえで、きわめて有効な方法です。

プロファイリングとは、相手を想像すること

プロファイリングとは、犯罪捜査の方法のひとつで、犯人が現場に残した痕跡から、犯人の年齢や性格、趣味趣向など、行動科学的に犯人像を絞り込んでいく方法のことです。ビジネスの場合、プロファイルする相手はすでに決まっています。相手のいろいろな情報を集めて、その人がどんなタイプかを分析して資料づくりに役立てていき

ましょう。

よく知らない相手に向けて資料をつくるとき、自分が言いたいこと、知っていることを前提に作成するのはもってのほかです。相手が求めているものが資料に反映されていない場合、その資料の価値は低いものとなるからです。相手をプロファイルすることで、求められているものが導き出されます。

提案や説得するタイプの資料をつくる場合は、特に相手のプロファイリングが不可欠です。具体的には、次のような場合です。

- **社内で自分たちのプロジェクトの予算を獲得しなくてはいけない場合**
- **新規事業や商品の企画提案をする場合**
- **今までのルールを変更するような説得をしなくてはならない場合**
- **コンペで自社の商品やサービスを選んでもらいたい場合**

「彼を知り己《おのれ》を知れば百戦殆《あや》うからず」ということわざがあるように、相手を知らなければ戦に勝つことはできません。

プロファイリングであぶり出すのは「期待」と「理解度」

プロファイリングで一番大事なのは、相手が何を期待しているかと、相手の理解度がどのレベルかを知ることです。この2つを整理できていれば、「どのように伝えるか」のストーリーが描けるようになるからです。

この2つを知るために、ターゲットのプロファイリングをするときは、縦軸（これまでの歴史）と横軸（現在の状況）で考えます。

たとえば、資料をわたす相手が経理部門を経験していたら、ある程度、数字に対する専門的な知識があると予想することができます。エンジニア出身なのであれば、技術的なこともある程度わかるだろうな、などと予想がつきます。その人がどの分野の出身なのかによって、資料の理解度が変わってくるのです。

横軸は、現在のその人の状況です。一般的に資料をつくる場合は、現在の役職や専門分野などを知るだけで十分ですが、もし、その人の感情を揺さぶらなくてはいけな

図3　相手の経験分野を知ることで理解度が変わってくる

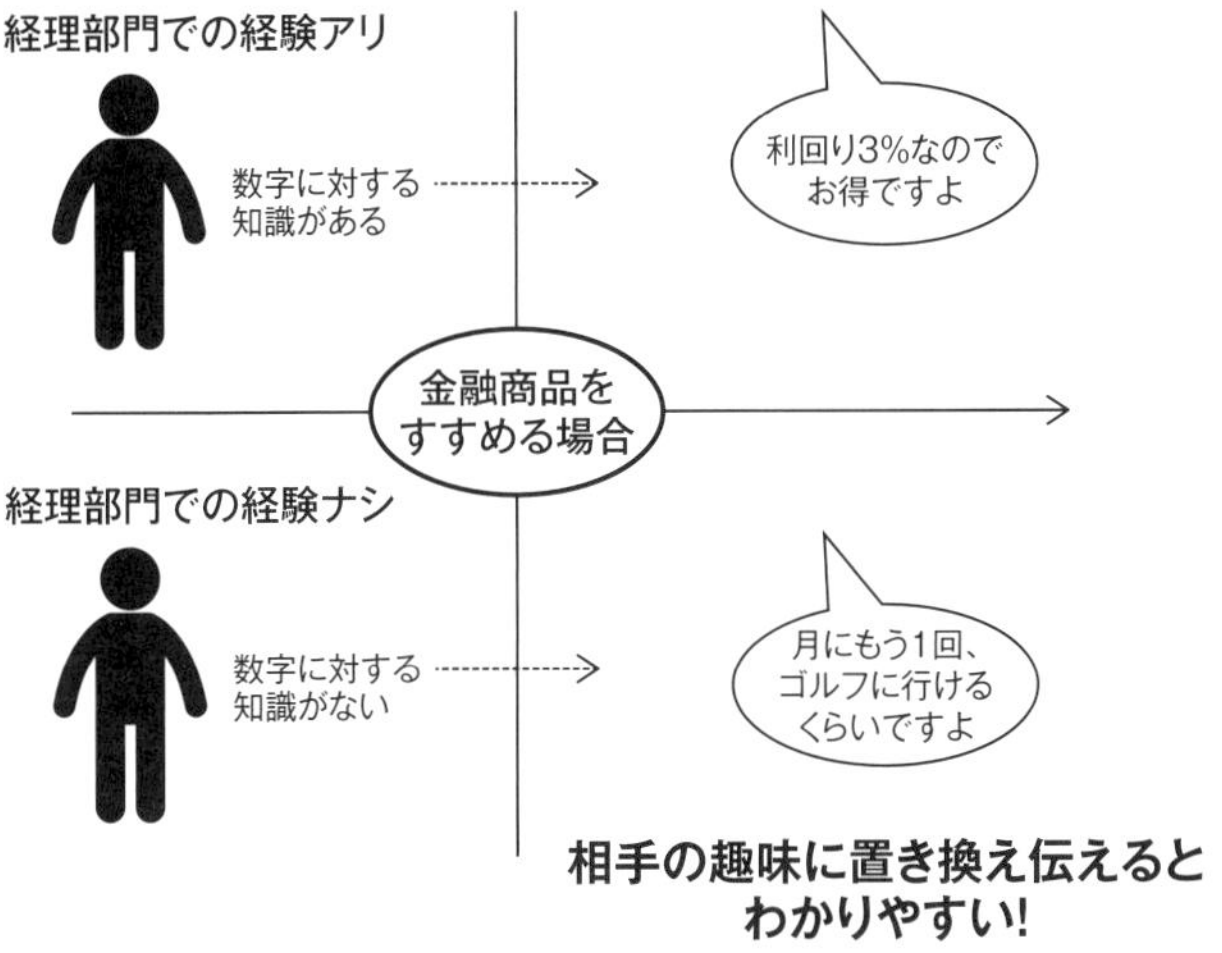

い資料をつくるような場合は、家族構成や、好きな芸能人、趣味や興味のあるスポーツなども調べたりします。プロファイリングがしっかりできていれば、比喩やたとえを使うときに、相手に刺さる例が挙げられるので、相手の理解度が増し、説得力も強くなります。

たとえば金融商品を勧める場合も、経理出身の人であれば「利回り3パーセントなのでお得ですよ」というのが一番響くかもしれませんが、そうでなければ「月にもう1回ゴルフに行けるくらいですよ」と、相手の趣味に置き換えて伝えるとわかりやすくなります。

関係者、競合もプロファイリングする

大きなプレゼンなどになると、メインターゲットやサブターゲットだけではなく、意思決定の場に登場するすべての担当者の関係図を事前につくってプロファイルすることもあります。お互いがどんな関係なのか、予算に関しては誰の発言が力を持ちそうなのかなども調べます。

コンペの場合には、ライバルについてもプロファイリングをしていきます。もちろんライバルの情報は表に出てこないものですが、相手のチームがこれまで手がけてきた仕事を考えれば、おそらく今回はこんなメッセージでプレゼンしてくるだろうという予想がつくので、事前にその対策も打っておくのです。

本番のプレゼンでは、相手が出してくるメッセージを真っ向から否定したりはしません。競合の提案に対して「そのやり方は意味がない」と言うのはとても下品ですし、かえって反感を招くこともあります。それよりも、「当社も試行錯誤を経て、Aのやり方よりBのやり方がいいとわかったんです」「一般的にはこのやり方は有効ですが、

お客様の事情を考えるとメリットがあるのはむしろこちらかもしれません」などと、**さりげなく競合のメッセージを無効化するようにします。**

これは高度なテクニックですが、競合のプロファイリングがうまくできているからこそ、できることです。

オリエンテーションは課題把握の場

コンペのプレゼンなどの場合は、事前にクライアントから何を望んでいるかのオリエンテーションがあるはずです。オリエンテーションは、まさに相手の課題を見極める場です。そして、できることならいくつか質問を投げかけて、相手の期待値を確かめましょう。

たとえば、「QCD（質、料金、期限）のどれを重視しますか？」とか「譲れない条件、捨てられる条件は何ですか？」「一番のリスクと考えているのはどんなことですか？」などと質問をすると、その後の資料づくりの指針になります。

また、プランの良し悪し以外で排除されてしまうといった危険性を避けるためにも、「御社として、こういう仕事は絶対しないという条件はありますか？」などと聞くと効果的なときもあります。

オリエンテーションは、課題の把握と、仮説の検証、両方ができる場所です。有効に使って資料づくりに役立てましょう。

相手のタイプを分析して資料に反映させる

NG

自分なりに一所懸命考える

よく知っている相手であれば別ですが、自分から遠い存在の人ほど、期待値や理解度を知るのは容易ではありません。予想が外れると、資料の価値も下がってしまいます。

OK

プロファイリングをもとに、相手の期待値や理解度を知る

相手をプロファイリングすることで、期待や理解度を的確に予想できるようになります。相手の経歴と現在の状況を意識してプロファイリングし、相手に刺さる資料をつくりましょう。

Column

2 プロファイリングは団体戦

大がかりな提案やプロジェクトになってくると、利害を受ける関係者も増え、それぞれの興味関心やパワーバランスなども意思決定に大きくかかわってきます。私は数多くの戦略プロジェクトで資料をつくってきましたが、プロファイリングはプロジェクトにかかわるメンバー全員できめ細かく行なっていました。

１人で収集できる情報は限られるため、担当を決めたうえで、仕事に関係することはもちろん、趣味や家族構成、今一番関心を持っていることなどを徹底的に調べます。会議中に得た情報だけでなく、喫煙所や懇親会の会話から得られる本音の情報などもとても重要です。特に、報告会が終わった後などは、エレベーターなどで出待ちして、「さっきの報告内容、どうでした？」と確認するなど、公の場では得にくい意見なども積極的に集めるようにしていました。

また、ターゲット本人だけでなく、同僚や、後輩、秘書などにも「山田さんにこういう内容で提案したいのですが、どう思いますかね？」などと確認して、資料の内容や提示するタイミング、使う言葉などを選んでいきます。こうすることで、地雷を踏んでしまうのを防ぐことができるのです。

このように集めた情報は、門外不出の情報としてデータベースに蓄積し、印刷はもちろん、パソコンを開きっぱなしで席を立つことも厳禁でした。大掛かりな意思決定になると、それだけ人の機微を把握しないと失敗してしまうこともあるわけです。

最近では、インターネットにもプロファイリングすべき情報があります。SNSをやっている方も多いですし、掲示板などに生々しい書き込みがあったりもします。学歴、職歴、興味関心などを知るにはSNSは非常に便利です。ただし、「SNSを見ました」などと安易に本人に言ってしまうと気味悪がられてしまう場合もあります。情報の使い方には気をつけましょう。

第3章

「メッセージ」はシンプルに表現する

11 そもそもメッセージとは何なのか？

すべての資料には、その資料で伝えるべき「メッセージ」があります。「メッセージ」と聞くと、「この資料で伝えたいこと」と漠然と考える人が多くいます。しかし、メッセージとは「主張」と「根拠」がそろって、はじめて意味をなすものです。どちらが抜けても、メッセージにはなりません。この2つがそろっていないと、「ロジックエラー（論理が破綻《はたん》している）」と言われてしまいます。

あなたが資料づくりをする意味は？

たとえば、「弊社の商品を御社も導入すべき」という主張（結論）だけだと、「え？どうして？」と絶対に聞かれますよね。そこにどんな根拠（データや理論）があるのか、必ず質問されるはずです。

逆に、根拠だけでもメッセージにはなりません。
たとえば他社の製品の売り上げ推移を並べ、「近年下降ぎみです。以上」のような資料を見かけます。これは、根拠だけがあって、主張がないパターンです。他社製品が下降ぎみだから、自社の製品がどう優位になるのか、その主張がなければ、メッセージのない資料になってしまいます。相手からすれば「だから？」と言ってしまいたくなります。この根拠だけをずらっと並べている、データだらけで何をしたらいいのかわかりにくい資料をよく見かけます。

後者は、特に若い人がつくる資料に多いように見受けられます。こうした資料をつくってしまう人は、「資料＝データ処理」と思っているのかもしれません。あるいは、最終的には相手が判断するものと考えているのかもしれません。

けれども、資料をつくる場合は、**自分がデータを見て、自分なりの分析をして、自分なりの主張をして、はじめてあなたがその資料づくりをした意味が生まれます。**

メッセージは、主張だけでもダメ、根拠だけでもダメ、と意識しましょう。

メッセージはシンプルに

もし、資料をパワーポイントでつくるのだとしたら、1スライド1メッセージを心がけましょう。たくさんのデータ（根拠）を並べる必要があるとしても、主張したいメッセージとセットにします。

そして、その**1枚のスライドは、ぱっと見て、説明しなくてもわかる1枚にするべきです。**もし、あなたがつくった資料がごちゃごちゃして見にくいとしたら、1枚のスライドに、いくつものメッセージが詰め込まれてしまっていないかどうか、チェックしてみてください。

ソフトバンクがホームページで公開しているＩＲ（財務）資料を見ても、メッセージをいかにシンプルにするかに心をくだいているのかがわかります。

メッセージはシンプルであればあるほど、相手に理解されやすくなるのです。

「主張」と「根拠」があって はじめて「メッセージ」になる

NG

「こんなデータが出ました。以上」

データを並べただけでは、「根拠」だけなので、不十分です。そのデータから何を読み解けるのか、何をすべきかの「主張」があって、はじめてメッセージになります。

OK

「このようなデータから○○すべきだと考えます」

主張と根拠をそろえて提示して、はじめてメッセージが完成します。ひとつの主張に対して、根拠は複数ある場合もあります。

12 ロジカル・シンキングでロジックエラーをなくす

資料は、メッセージをサポートする根拠をのせれば十分です。どの根拠がどの主張を支えるのかをチェックしながら、メッセージを整理していきましょう。メッセージの整理には、ロジカル・シンキングが有効です。ロジカルに物ごとを考えるために、ここでは2つのテクニックを用います。それが、物事を構造的に分解して捉える「ピラミッドストラクチャー」と、漏れなくダブリなく考える「MECE」です。

メインメッセージを補強するサブメッセージがある

ロジカル・シンキングの1つ目の基本は、「ピラミッドストラクチャー」です。複雑なものを小さく、何段階にも分けていくことで、自分の考えを整理していくことができるようになります。

図4　ピラミッドストラクチャー

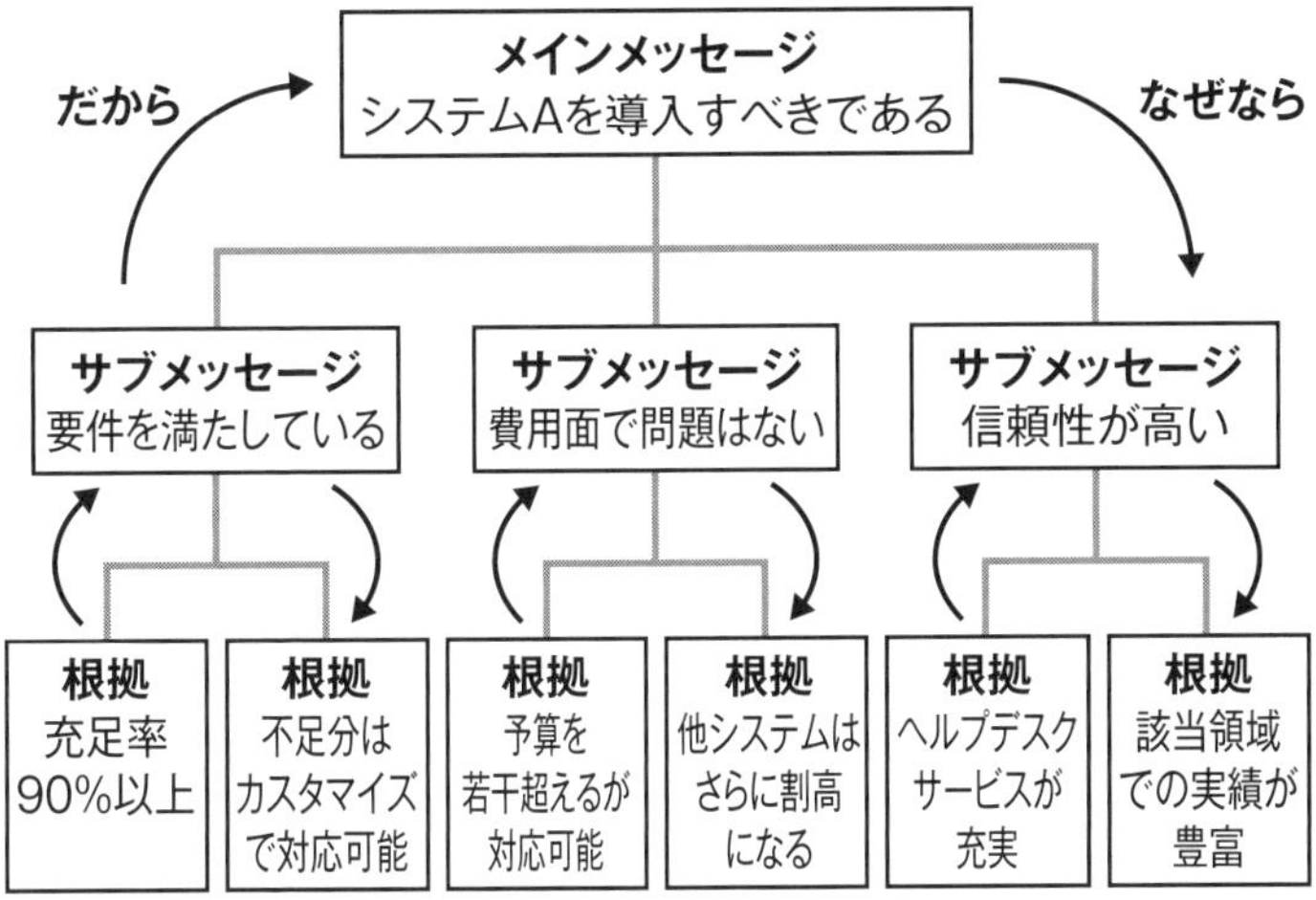

ピラミッドストラクチャーとは、1970年代にマッキンゼー社で確立された手法で、主張と根拠が整っているか＝ロジックエラーがないかどうかをチェックするものです（『考える技術・書く技術』／ダイヤモンド社より）。

まず大前提として、ピラミッドの頂点にメインメッセージがあります。これは、結論とも言えるものです。そして、その下位層に、サブメッセージがあります。そしてこのサブメッセージは、主張と根拠のセットになっています。そして、同時にサブメッセージは、メインメッセー

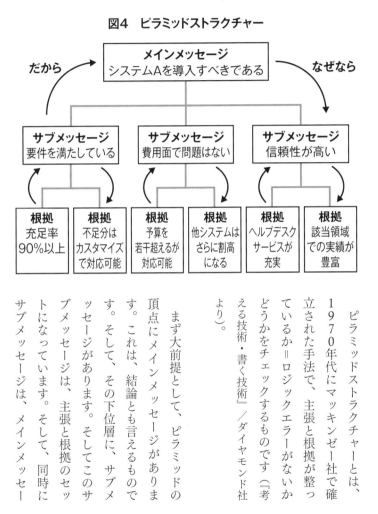

ジの根拠となります。

　このピラミッドストラクチャーを理解していると、根拠と主張がぐちゃぐちゃに混ざったり、論理がいったりきたりするのを防ぐことができます。

「だから」と「なぜなら」を意識する

「主張」と「根拠」の関係は、「だから？」と「なぜなら？」を意識すると、抜け漏れや論理の矛盾をチェックすることができます。

　たとえば、「業務効率改善のためにAというシステムを導入すべき」というのがメインメッセージだとします。

　サブメッセージの1つ目は、「費用面では問題ない（主張）」です。その根拠となるのは、「予算は若干越えるが対応できる範囲内」ということと、「ほかのシステムはさらに割高になる」という2つです。

　この場合、「費用面では問題ない」という主張に対して、「なぜなら？」の答えが「予算は若干越えるが対応できる範囲内」と「ほかのシステムはさらに割高になる」です。

逆に、「予算は若干越えるが対応できる範囲内」と「ほかのシステムはさらに割高になる」という根拠がある場合、「だから？」と問われたら、「費用面での問題はない」が主張になります。

この「なぜなら？」を補強できない根拠は、ばっさりと切り捨てましょう。「この根拠によって、主張の説得力が増す」と思われないデータを、相手に伝える必要はありません。

「漏れなく」「ダブりなく」事象の全体を把握する

もうひとつ、ロジカル・シンキングの見方で欠かせないツールが「ＭＥＣＥ」です。これは、「漏れなく、ダブりなく」という意味の英語の頭文字からそう呼ばれています（Mutually Exclusive, Collectively Exhaustive）。ある事象を見た時、全体を包括的に捉えたうえで、重なることなく切り分けていくという考え方です。

たとえば、「貯蓄を増やしたい」という主張があったとします。これをＭＥＣＥで分けると、「貯金をする」「支出を減らす」というのがＭＥＣＥです。これを「投資をする」「労働で稼ぐ」とすると、2つとも「増やす」がテーマなので「ダブる」ことになり、MECEとして分けられていることになりません。また、「貯蓄を増やす」を「投資をする」「宝くじを買う」で分けると、「減らす」ことが含まれていないため「漏れている」ことになり、これもMECEになりません。

このように切り分けていくことで、論点を明確にしていきます。また、切り分ける軸の数が増えていくと、論点を細分化して分析することができます。

ピラミッドストラクチャーとMECE、2つを常に考えることで、ロジックエラー（論理の破綻《はたん》）がなくなります。意識して取り組んでみてください。

ロジカル・シンキングで効果的なメッセージを導く

NG

説得力が増すデータを列挙する

「なぜなら？」を補強できない根拠は切り捨てましょう。「主張の説得力が増す」と思われるだけで根拠がないデータは、相手に伝える必要はありません。

OK

主張を支える根拠だけを出す

伝えたいメッセージに合わせて、根拠となるデータだけを選びましょう。主張に対して「なぜなら？」の答えになるデータが、根拠としてふさわしいデータです。

13 当たり前のことを言わない

誰もが思いつくメッセージであれば、わざわざ資料をつくって力説する必要はありません。「そんなのみんな知っているよ」と言われる主張では、人を動かすことができないからです。メッセージでは「当たり前のことを言わない」ことが大前提です。

相手に優先順位を上げてもらう

メッセージとは、相手に優先順位を上げてもらうために主張するものです。

たとえば、「設備投資が大事なのはわかっているけれど、今は売り上げ第一で、その余裕はないんだ」と言っている相手に、直近の売り上げよりも設備投資のほうが大事だと認識してもらい、優先順位を上げてもらうために伝えるのがメッセージです。

それまで重要視していなかったことを重要だと認識してもらうためには、当たり前のことを言っていても響きません。

人の価値観が劇的に変わることを「パラダイムシフト」と言いますが、**相手にパラダイムシフトを起こさせるのがメッセージの役割です。**意外性を持たせたり、危機感をあおったり、将来像を打ち出したりなどの表現を工夫して、相手の優先順位を上げる働きかけをしましょう。

メッセージに意外性を持たせる

たとえば「片づけは重要です」と言われても、「それはそうだよね」で終わってしまいますが、「片づけで人生が変わります」と言われると、人の興味をひくことができます。これは、メッセージに意外性があるからです。

「研修をしましょう。研修は大事です」

↓

「人材教育は売上をもたらす投資です」

図5　「当たり前」は心に残らない

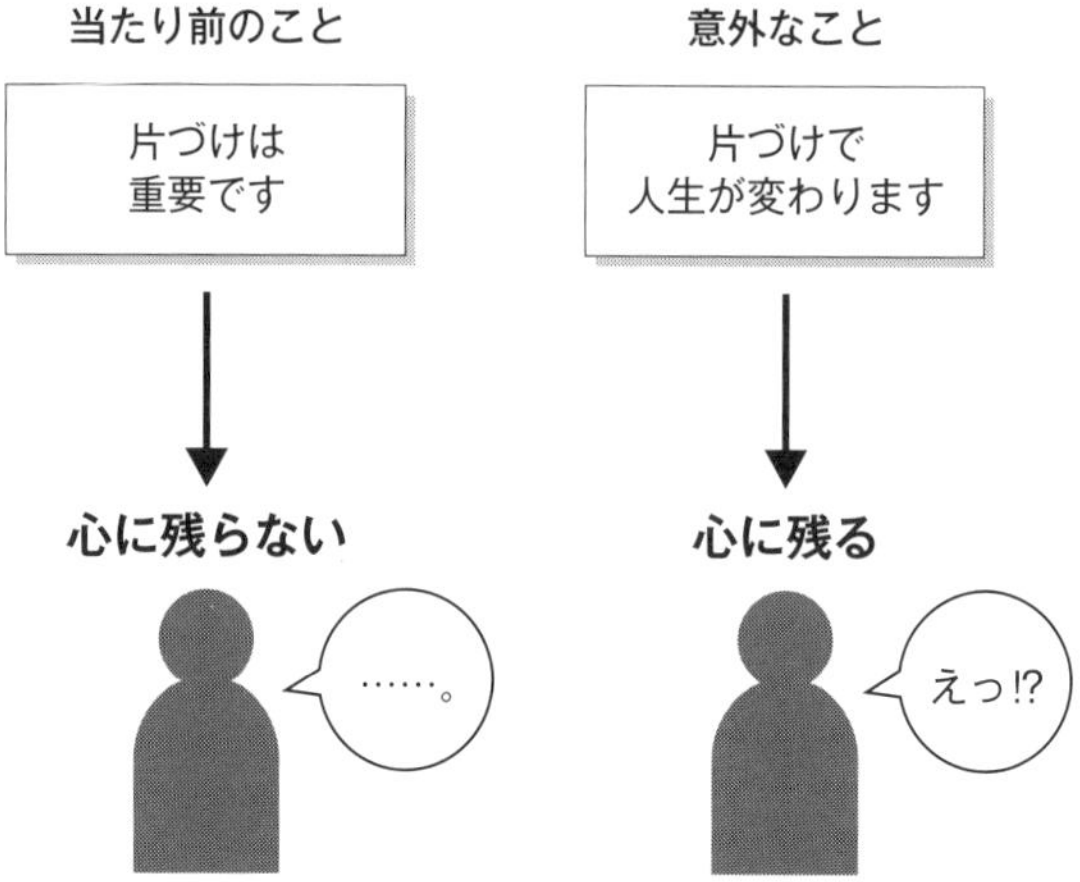

「業務改善をしましょう」

←

「利益を生む業務形態にしましょう」

「冷えはよくないので暖かい服装をしましょう」

←

「体温が1℃下がると免疫力が30％低下します」

「生産性が低いので長時間労働になっています」

←

「労働時間が長いので、生産性が犠牲になっています」

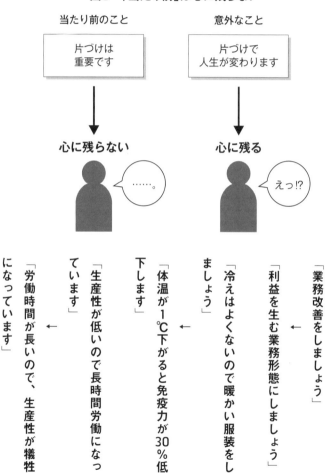

このように、メッセージに意外性を持たせて、相手の優先順位を上げましょう。

守りから攻めに転じるメッセージ

たとえば、次のようなメッセージでは、当たり前すぎて響きません。

「世の中はダイバーシティ化が進んでいます。政府も女性活用を推進しています。御社も施策を進めなくては」

これでは、「わかっているけれど、今はその余裕がないんだ」と言われて終わりになってしまうかもしれません。伝わらない理由は「政府に言われたからやりましょう」と、守りのメッセージになっているからです。

これが、「今や、ダイバーシティに対応できていない企業には人は集まりません」とか、「女性活用ができていない企業は、女性はもちろんのこと、男性の優秀な社員も集まらない時代ですよ」と危機感をあおれば、生き残るための施策として、相手の中での優先順位が上がるかもしれません。

さらに、「女性活用において、業界初の試みを積極的に打ち出して、超優良企業を目指しましょう」というメッセージにすれば、攻めの一手として認識されるようになります。

このように、守りのメッセージから攻めのメッセージに転じるのも、相手の優先順位を変える一手です。

順位づけをしてメッセージを強める

よくあるメッセージの失敗例のひとつに、やりたいことや伝えたいことがたくさんあって、すべてが等しく強調されているケースがあります。

たとえば、「あれも重要です、これも重要です、それも重要です」と連呼されているようなことがあります。**何度も「重要です」と言われたら、本当のところ、何が一番大事なのかがわからなくなってしまいます。**

こういう場合は、重要度に順位をつけて、あえて優先順位を低いものを否定してみましょう。**「～よりも、こちらが重要です」と伝えると、より本質的な最重要項目が際立つようになります。**

有名な例では、映画『踊る大捜査線』の中で、「事件は会議室で起きてるんじゃない、現場で起きてるんだ」という織田裕二さんのセリフがありますが、あれも、前者を否定することによって、後者が引き立つわかりやすいセリフでした。

ビジネスシーンでは、「売上も顧客満足も重要です」ではなく、「我々が追うべきなのは、売上ではなく顧客満足です」と言えば、メッセージが強まります。

メッセージが弱い場合は問いかけに

メッセージそのものが弱い場合は、問いかけをするという方法もあります。

「胃がんの主な原因はピロリ菌である」と言われたら、「ふーん、そうなんだ」くらいにしか思いません。しかし、「胃がんの原因の9割以上をしめているものとは？」と問いかけられたら、急に興味がわくものです。

このようなメッセージの強め方は、テレビのCMまたぎのときの、あおり文句が参考になります。

よく「CMの後大公開！　田中さんが10キロ痩せた理由とは？」などといったあおり文句がありますよね。これも、メッセージを強めて、相手の注意をひく手法です。

あらゆる手を使ってメッセージにインパクトを持たせ、相手の優先順位を上げる方法を見つけていきましょう。

メッセージには意外性を持たせる

NG

「片づけは重要です。やりましょう」

「そんなのわかってるよ」と言われてしまっては、相手の態度や行動は変わりません。価値観を変えるパラダイムシフトを起こす伝え方を考えましょう。

OK

「片づけで人生が変わります」

相手が思ってもいなかった価値観を提示するメッセージを伝えられれば、その提案に対する優先順位を上げてもらうことができます。

14 ビッグワードを並べない

メッセージをつくるときに注意するべきことは、「ビッグワード」を避けることです。ビッグワードとは、捉え方次第でどうとでも解釈できるような、曖昧な状況を示す言葉のことです。ビッグワードを具体的に表現すれば、メッセージがシンプルにわかりやすくなっていきます。

具体的な数字や言葉に置き換える

資料でよく見かけるのが、「問題が山積みになっています」といった曖昧な表現です。このフレーズは、「問題」も「山積み」もどちらもビッグワードなので、読む人によっていろいろな解釈をされてしまいます。まず、「問題」は、どの問題を指しているかわかりませんし、「山積み」もどれくらいの量なのかがわかりません。

こういった場合は、「滞留在庫が1週間分を超えています」と「問題＝滞留在庫が増えている」「山積み＝1週間分のロスが生まれている」と、誰もが誤解しない言葉に変換する必要があります。

そのうえで、自分のメッセージを「滞留在庫1週間分をゼロにする解決策」とすれば、誰にとっても明確なメッセージになります。

私が駆け出しのコンサルタントのときに注意されたのが、「『最適』という言葉を絶対に使うな」ということでした。

「最適」という言葉もビッグワードです。響きがいいので、つい使ってしまいがちなのですが、よくよく考えたら、どんな状態が「最適」なのかを定義しなければ、このメッセージは何も言っていないのと同じです。

たとえば「物流システムの最適化」であれば、「24時間以内に商品が出庫され、納期を厳守できるシステムをつくる」と書き直さなければなりません。

このように、**曖昧な言葉を数字に置き換えたり、具体的な状況に変換したりして、ビッグワードを細かく砕いていきましょう。**

できるコンサルタントが絶対言わない言葉

気をつけるべき言葉は「最適」だけではありません。「迅速な意思決定」という表現もよく見かけますがNGです。「迅速」って、どれくらい速ければ迅速？　と、数字に置き換えなくては、受け取る側とのズレが生じてしまいます。

「社内コミュニケーションの活性化」なども、具体的ではありません。コミュニケーションが何を指しているのかがわかりませんし、どれくらいの頻度で接触したら活性しているのかの提示もありません。

外資系の会社で多いのが、「スマートなソリューション」「インテリジェントなサービス」など、一見わかるようでまったくわからないビッグワードです。一つひとつの言葉が示す意味を、具体的な数字や言葉に置き換えていきましょう。

誰にもズレなく伝わるメッセージにするためには、ビッグワードを排除していく必要があることがおわかりいただけたでしょうか。

具体的な数字、わかりやすい言葉を使う

NG

「最適在庫を実現するスマートソリューション」

解釈の幅が大きなビッグワードを並べると、メッセージを受け取る相手によってズレが生じます。資料では、ビッグワードを封印しましょう。

OK

「滞留在庫1週間分をなくす解決策」

曖昧なワードを具体的な数字や言葉で表現すればするほど、メッセージは強固になります。相手との間の誤解を防ぐこともできます。

15 ゴールを断言する

強いメッセージは「あるべき姿」、つまり向かうべき理想像やゴールが断言されています。相手が向かうべきゴールを断言して、共感を得ることができたら、あとはそこに向かうための手段を提示するだけなので、資料の役割は果たせたも同然です。「あるべき姿」はどんな状態なのか。それを達成したら、何が得られるのかを明確にしましょう。

強いメッセージはゴール設定から生まれる

役人の答弁で「この件については善処します」「すみやかに検討したいと思います」などという言葉を聞きますが、ビジネスシーンでは、このような曖昧なメッセージはNGです。業界にもよるのですが、ビジネスでは「○月○日までにこれを達成する」

とコミットメント（約束）をすることが求められるからです。

相手が本来あるべき姿＝理想像があるならば、それをゴールとします。そして、そのゴールに向かうために、今、何が足りないからそのゴールが達成できていないのかを提示する。これが、強いメッセージのつくり方です。

もちろん、ゴールに至るまでの「手段」も明確に伝えることが必要です。しかし、途中の手段ばかりに気をとられてしまい、ゴールが曖昧になっている本末転倒の資料も多く見かけます。まずは「何をやるべきなのか？」「どういう状態になったらいいのか？」というゴールを明確に定義することで、相手に対して強いメッセージを伝えることが可能になるということを意識してください。

ビフォーとアフターを並べる

「結果にコミットする」で話題となったライザップのCMは、ビフォーとアフターを示して、あるべき姿（理想の体型）とその体型を手に入れたときの幸福感を明確にしました。

このように、ビフォー（現在の姿）とアフター（あるべき姿＝理想像）を並べて、「今はこうですが、将来的にはこの姿になりましょう」と提案するのは、強いメッセージとなりえます。

私の友人で、コンサルティング会社から、ある総合商社に転職をした女性がいます。転職直後、彼女は「何がカルチャーショックかって、社内で提案をするときに、ゴールを断言しちゃダメだと言われたことが驚きだった」と言っていました。官公庁同様、彼女が転職した会社では、「ゴールを明言した場合、それが達成できなかったら責任問題になるじゃないか」と言われ、資料には常に「検討します」とだけ書くように指導されたそうです。彼女いわく、「この曖昧さは無責任だよね」とのことでした。

一方で、私がいたコンサルティング業界は、いったんコミットメントしたら、目標達成に向けて大量に行動することが求められます。目標がどれだけ達成されたかによって、成果報酬でフィーが支払われる場合もあります。

これは余談でしたが、**競争が激しくなるほど、ゴールを断言し、それを達成していくことは、これからますます求められていくことでしょう。**

資料作成の段階から、「あるべき姿」を明確にして、ゴールを断言するクセをつけておくといいかもしれません。

メッセージには迫力を出す

NG

「すみやかに検討します」

「検討します」は、何も約束していないのと同じ状態です。これでは相手に響くメッセージにはなりえません。

OK

「○月○日までに達成します」

ゴールを断言することは、結果へのコミットを求められる一方、それだけメッセージにも迫力が出ます。

Column 3

ピラミッドで不要な情報をカットする

72ページで、ピラミッドストラクチャーで主張と根拠を整理すると紹介しましたが、ここで演習をやってみましょう。

以下の文章はピラミッドの一つひとつの要素だと思ってください。これをピラミッドの形に並べ替えてみましょう。いくつに分岐するのか、何階層にするのかを考えてみてください。

①本来出席すべき授業だが休みたい
②この講座の単位を落とすと卒業が危ない
③教授は教科書に書いていないことをテストに出すことで有名
④熱が38度あり、頭痛もして非常に体調が悪い
⑤今夜、バイトをどうしても休めない
⑥テスト前の次回の授業がとても重要
⑦授業のノートを後でコピーさせてほしい
⑧家族がインフルエンザにかかった

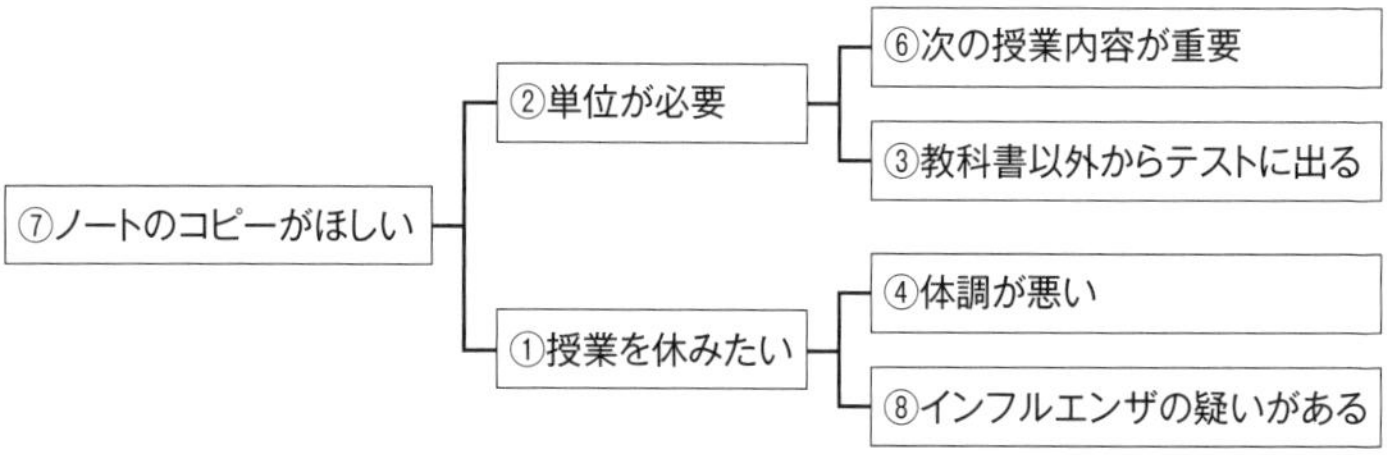

まず、主張したいことは相手にとってもらいたい行動なので、頂点は⑦の「ノートのコピーがほしい」です。次に、友人になぜそれをしなければならないかを納得させ、実行させるための根拠を２つに分けます。⑤の「バイトを休めない」は、授業を休まなければならない根拠として説得力を増さないので、不要という判断になります。

※根拠の取捨選択をわかりやすくするために⑤の情報を入れていますが、都合の悪いことは隠したり、だましたりしてもいいということではありません。誤解のないようにしてください。

第4章

「ストーリー」で共感を得る

16 ストーリーの構成を考える

メッセージがそろったら、そのメッセージを相手に理解してもらうために、背景や経緯といった必要な情報を組み合わせて、ストーリーをつくっていきます。資料を俯瞰して、全体の流れ、構成がスムーズに通って、はじめて「ストーリー」になります。ストーリーの構成は、大きく分けて2つあります。結論ファーストの「分解型」と、結論ラストの「積み上げ型」です。相手によってどちらの構成が効果的かを考えて使い分けましょう。

まずは紙にスライドを書いてみよう

ストーリーの構成を考えるときは、いきなりパソコンを立ち上げず、ノートに小さなスライドを書いていきます。紙に書くことによって、あれもこれもといった詰め込みすぎを防ぐことができますし、全体を俯瞰できるので、論理の破綻《はたん》にも気づきやすくなります。

また、紙に書くことによって、ピラミッドで整理した主張と根拠をどこで表現するのかを、紐づけながら考えることができます（72ページ参照）。せっかく考えた主張と根拠がどこに書かれているのかわからないということを防ぐためにも、ピラミッドと並べながらストーリーを構成していきましょう。

結論ファーストがいいとは限らない

外資系企業の人と話をしていると、「結論を言うと～」と話しはじめる人が多いことに気づきます。資料作成やプレゼンテーションの社内テキストなどにも、「まずは結論を述べましょう」と書いてあることが多く、この伝え方は王道のひとつです。しかし、資料では結論ファーストが常にいいとは限りません。

私が担当したクライアントからも、「あまりにも刺激が強い結論が先にくると、その後にいくらいいことを伝えられても受け入れにくいので、順を追って説明してほしい」と言われることがあります。

結論を最初に持ってくるほうがいいか、逆に根拠を積み上げて結論を最後に伝えたほうがいいかは、相手をプロファイリングしたうえで使い分けましょう。

結論ファーストの「分解型」が向く相手

結論を先に提示しないとイライラするタイプの相手の場合は、先に結論を伝えてしまうのがいいでしょう。また、結論が意外で魅力的な場合も、最初に結論を言ってしまうことで、相手をひきつけることができます。

この分解型のストーリーづくりは、ピラミッドストラクチャーの三角形の形になります。「なぜなら〜」「なぜなら〜」をくり返して、説得力を持たせます（図6）。

結論ラストの「積み上げ型」が向く相手

ひとつずつ根拠を積み上げて、最後に結論を出す構造は、ピラミッドストラクチャーで示すと逆三角形の構造をしています（図7）。

図6　分解型

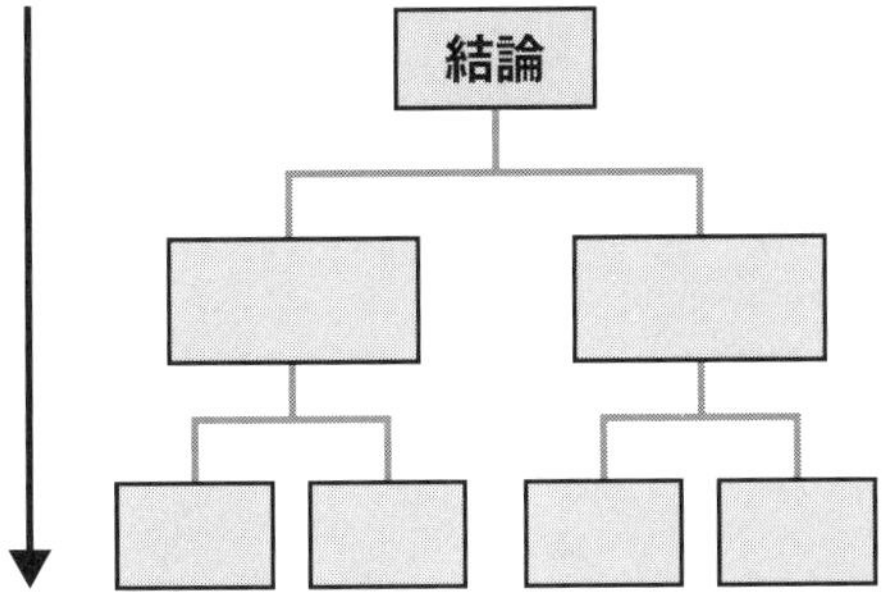

●先に結論を述べないとイライラする相手向き
●結論が魅力的な場合

図7　積み上げ型

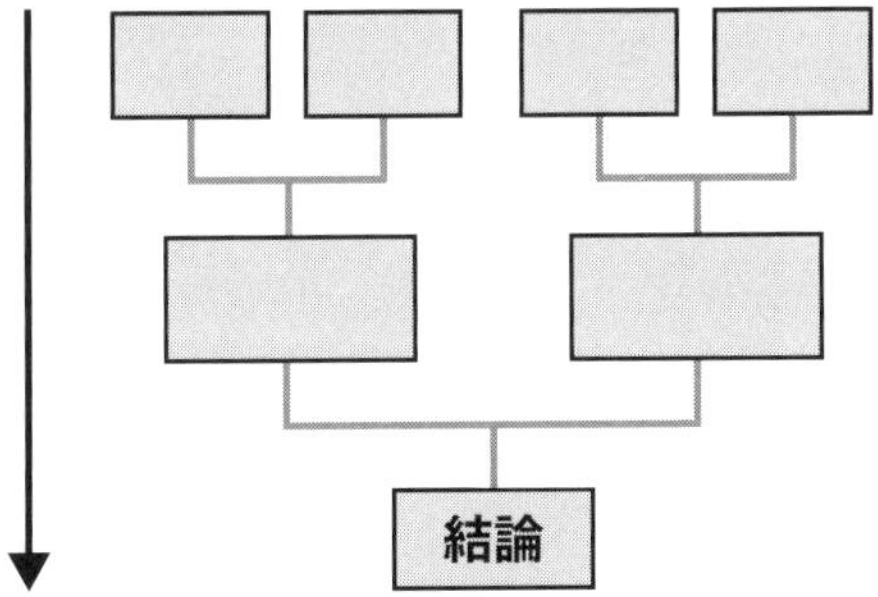

●先に結論を提示すると反論や粗探しをする相手向き
●相手が結論を受け入れにくい場合

相手が、先に結論を提示すると、反論をしたり、粗探しをしたりするタイプの場合は、この積み上げ型のストーリーで展開するのが効果的です。

結論が相手にとって受け入れにくい場合、たとえば「早急に人員削減をしなくてはなりません」などといったネガティブな結論になる場合も、やはり先に結論を言うのではなく、根拠を積み上げて、一つひとつ合意してもらいながら進めるほうが受け入れられやすくなります。

この場合は「だから〜」「だから〜」をくり返して、論理を構築していきましょう。

結論の場所は相手のタイプで使い分ける

NG

結論は最初に伝える

「常に結論ファースト」がいいわけではありません。相手をプロファイリングして、結論は最初がいいのか、最後がいいのかを考えましょう。

OK

相手に合わせて結論の場所を変える

同じメッセージ、同じ根拠を使っても、どの位置に結論があるかで印象は変わります。相手のタイプによって使い分けられるのが、仕事ができる人です。

17 「空、雨、傘」がそろっているか

ピラミッドストラクチャーからストーリーを構成するときには、「空、雨、傘」のすべてがそろっているかをチェックします。「空、雨、傘」を基準にすると、事実や解釈がごちゃごちゃになるのを防ぐことができます。

「空、雨、傘」は「状況、解釈、行動」の3点セット

「空、雨、傘」というのは、戦略コンサルティングファームで新人が徹底的に叩き込まれる、論理思考と仮説思考のフレームワークのことを言います。ストーリーをつくるときには、常にこの3点をセットにしなくてはいけません。

①「空」を見上げると雨雲が多いというのが「状況」です。

②その状況から察するに「雨」が降りそうだと考えるのが「解釈」です。
③それなら「傘」を持っていったほうがいいねというのが「行動」です。

シンプルなのですぐに理解できるのですが、実践してみると、意外とこの3つの中でどれかが抜けている資料が多いことに気づきます。

たとえば、部下が自社製品の売上伸び率のデータだけを出してきて、「ここ数年2％ほど上昇しています」と説明してきたとしたら、それは状況（＝空）の話しかしていないことに気づきましょう。

それだけではなく、「だから何なの？　雨は降るの？」と問いかけなくてはなりません。この伸び率はこのままずっと続きそうなのか、逆にそろそろなだらかなカーブになって、場合によっては下降に転じるのか、といったことを問いかける必要があります。

雨が降ると予想するかしないかは「解釈」なので、人によって違う部分です。もし、これ以上は伸びないと解釈（＝雨）したのであれば、最後に行動（＝傘）を伝える必要があります。この場合であれば、「そろそろ生産ラインを止めたほうがいいのではないか？」と、アクションに結びつくところまで話すのがストーリーです。

「空、雨、傘」が抜けると論理が飛躍する

資料をチェックしていると、コンサルティングやアナリストの資料には「空」しかなく、現状データだけを羅列しているだけという場合が多々あります。

逆に、感覚的に資料をつくる人だと「空」を見て（状況）、いきなり「傘」を持っていこう（行動）と提案しているケースもあります。どれくらい降りそうかという「雨」の予報（解決）がないのです。

このように、**どこかの過程が抜けると、論理が飛躍して説得力がなくなります。**

たとえば「人件費が高騰しているから（空）、残業を削減しましょう（傘）」といったストーリー構成は、「雨」に触れていないので、論理が飛躍しているとわかります。人件費が高騰している理由は本当に残業だけでしょうか？　その解釈がなければ、本当に人件費を削減したほうがいいのかはわかりません。

「不況のときほど新製品を開発しよう！」という提案があったとします。これも、この言葉を聞いただけでは意味を図りかねません。やはり「空、雨、傘」がそろってい

ないからです。

この場合は、「不況＝状況＝空」「新製品を開発する＝行動＝傘」なので、やはり「雨＝解釈」がないことがわかります。


ストーリーとは、このようにジャンプしてしまったメッセージの間を丁寧に埋めて、誰もが納得する伝え方にするものです。


たとえば不況も、単なる不況ではなく、「もう10年近く続く長引いた不況」というのが「空」の詳しい状況だったとします。

そうすると、それまでは節約商品が売れてきたけれど、長年の不況疲れで節約商品にも嫌気がさしてきた人が多いという仮説を立てたとします。その場合は、ありきたりの節約商品をつくっても、もう売れないという「解釈＝雨」が成立します。

そこで「節約商品に飽きた人たちに斬新な新商品を届けよう」という「行動＝傘」につながるのであれば、はじめて「不況のときほど新製品」の意味がわかってきます。

議事録にも「空、雨、傘」が必要

議事録でも「空、雨、傘」を整理して書くことが重要です。読みにくい議事録は、やはり「空、雨、傘」がごちゃまぜになって書かれていることが多いものです。
たとえば営業訪問レポートなどでは、部長の個人的な発言が、そのまま事実のように書かれていたり、自分の解釈をそのまま文書に盛り込んでしまったりしているようなケースをよく見かけます。

「山田商事は、投資は不可能であるため、他社へのアプローチをすべきである」という訪問レポートは、状況（空）と解釈（雨）が不明確です。

「山田商事の鈴木部長は今期の投資予算は50％削減と述べているため（空：状況）、受注可能性は川田金属よりも低いと思われる（雨：解釈）。よって川田金属へのアプローチの優先順位を上げるべきである（傘：行動）」

このように書くことによって、訪問レポートを読んだ上司も、具体的な事実をもとにアドバイスやサポートを行なうことができます。
「空・雨・傘」を分けて書くことで、相手にとって理解しやすく、動きやすいストーリーになるのです。

ストーリー構成に「空、雨、傘」は必須

NG

「不況のときこそ新製品」

状況と行動だけが提示されたストーリーには、論理の飛躍が生じます。「空、雨、傘」のすべてがそろっているかをチェックしましょう。

OK

「長引く不況で顧客が節約商品に飽きた今だからこそ新製品が必要です」

「状況（空）、解釈（雨）、行動（傘）」の3点セットがそろって、はじめてストーリーが成立します。論理に無理があると思ったら、3点セットに立ち戻ってみましょう。

18 相手を論破することが目的ではない

どれだけ正しいことを言ったとしても、相手に不快な思いをさせては、それからの仕事が進めにくくなります。目指す到達地点は、論破ではなく共感です。相手の共感を得られるストーリーがある資料をつくりましょう。

新人時代の大失敗から学んだこと

以前、論理的なストーリーを組んで資料を提出したのに、まったく見向きもされなかったと泣きついてくる部下がいました。

「どのように説明したの？」と聞くと、「御社の問題点はここです」と得意意に話し、真正面から相手を否定していることがわかりました。これはやってはいけません。特に若いうちは、真っ向から正論で戦って、地雷を踏むケースが多々あります。

実は私にも苦い思い出があります。アパレルの会社に勤務していた時代、20代で業務改革のリーダーを任されて、撃沈した経験があるのです。

最初の会議で「このように業務を改善しましょう」と提案したものの、20年、30年と勤務しているベテランの先輩たちに「どうして変える必要があるの？　このやり方で十分間に合っているけれど」と言われて、カチンときてしまったのです。

そのとき私は、「いや、20年間同じということ自体がすでに間違っていますよね？」と言い返し、売り言葉に買い言葉のような状態になってしまいました。その頃の私は、正論を言っているのは自分のほうだという自負があったのです。先輩方とは、そこでバチバチと火花が散ってしまい、会議後にもしこりが残りました。そして、その後はずっと、積極的にプロジェクトに協力してもらえることができませんでした。

このときに、**たとえ正論を言って論理で勝ったとしても、業務改善という目的を達成できなければ何の意味もないと痛感しました。**今、考えると、先輩たちの共感を得ながら、業務改善を進める方法はいくつも思いつきます。

まさに若気の至りでしたが、このときの手痛い経験が、今の仕事に生きています。

後輩たちにも「目的は、共感してもらうこと。論破すると、その場では勝ったように思えるけれど、その後しっぺ返しをくらうよ」と口をすっぱくして伝えています。

たとえば、「これが正しいから」と強行突破した場合は、少しでもトラブルが起こると「だから反対したのに……」と手のひらを返されたりします。

「論破された」という気持ちは嫌なものです。相手を「自分が共感して納得できた」という状態にさせなければ、試合（議論）に勝って勝負（成果）に負けるような事態になりかねません。

相手の痛みを理解する

相手の共感を得るためには、相手の課題を理解して「私は、あなたのことをわかっていますよ」と寄り添ってあげることです。

私はよく資料に「相手のペインを入れなさい」と指導します。これは**相手の痛み、つまり、課題や悩みを理解したうえでストーリーをつくりましょう**という意味です。

「こういうことに困っていますよね？」「これをなんとか解決したいですよね？」と、

相手の状況を理解する言葉を伝えれば、「ああ、この人はわかってくれている」と相手は感じて、提案を受け入れてもらいやすくなります。もちろん、この提案も相手がどんな気持ちになるかを考えて、あくまでも痛みを解消するものであることが大事です。

たとえば、悪いデータを集めて分析して「最近業務成績が落ちてますよね！」と鬼の首をとったかのように伝えると、「そんなことは言われなくてもわかっている」とやはり反感を買ってしまいます。

悪い状況を伝えなくてはならないときは、「すでにご実感されているかもしれませんが」などとワンクッション置いて伝えれば、共感を得やすくなります。

「生の声」を入れて共感を得る

相手の共感を得るために、現場の「生の声」を入れることもあります。実際の現場を見て集めてきた感想のように、ただの数字分析ではない、リアリティを感じさせる資料を随所に入れておくと、相手の共感を得やすくなります。

もし、私が工場に出向いて作業をしている人たちの生の声を集めていたとしたら、写真を撮って、その写真を資料に盛り込んで臨場感を出して伝えます。

相手から、「ここまで調べてくれたんだ」という共感を得られると、その後の仕事が進めやすくなります。

身近な「たとえ」も有効

38ページで紹介をした、たとえ話も有効です。特に、専門分野ではない遠く感じられるものごとに関しては、人は強い関心を抱きにくいものです。そういう相手に共感を持ってもらうためには、スポーツや料理などにたとえて話すと、一気に「なるほど」と共感を得られることがあります。

特に料理のたとえは、老若男女を問わずイメージがしやすいようです。「この行程はスーパーでの買い出しにあたります」とか、「下ごしらえにあたります」「あまった食材を捨てることになります」などはわかりやすく伝わります。

資料を身近に感じてもらい、主張に共感をしてもらうためには、常に相手目線で作成することを心がけましょう。

周囲の共感を得ることで仕事が進めやすくなる

NG

相手を「論破」する

「あなたは間違っています」「こちらが正しい」と相手を論破してしまうと、そのときはよくても、のちのち協力を得られなくなります。

OK

相手の「共感」を得る

できる人の資料は、相手の課題に寄り添って、主張に共感を呼ぶストーリーがつくられています。生の声やたとえ話なども使って、相手の共感を増やす物語を設計しましょう。

19 物語性を高めて共感を得る

メッセージの主張と根拠を、どのような順番で並べるのか。これを考える際に効果的な演出として、「物語性を高める」という方法があります。

物語性は『大改造!! 劇的ビフォーアフター』を参考にする

最近の傾向として、ビジネスで提案や問題提起をするときに、説得モードではなく、共感モードのほうが、相手が気持ちよく動いてくれるようになっています。**正しいことを論理的に伝えるだけではなく、物語性を高めて伝えたほうが効果的である**ということが言われはじめているのです。

物語性の話をするときにわかりやすいのは、テレビ番組の『大改造!! 劇的ビフォーアフター』の構成です。

あの番組では、何かの問題を抱えた家が登場します。脱衣所がない家だとか、トイレに行くのに外に出なくてはいけない家だとか、視聴者が「ああ、それはずいぶん不便だろうな」と登場人物に共感しやすいビフォーが提示されます。

そこに現れるのが「匠」と呼ばれる建築士たちです。彼らは、その課題に対して、自分たちの持っている「プロの技」で対抗します。

「匠」たちに「住まいのメンタルトレーナー」とか「空間方程式の芸術家」などといったキャッチフレーズがつけられているのも上手なところです。「○○建設一級建築士」という肩書では印象に残りませんが、キャッチフレーズをつけることで、物語の登場人物として認識され、同時に必殺技も理解されることで、視聴者との距離を埋めるといった工夫を感じます。もし、このような設定がなければ、単なるリフォームの紹介番組であり、人の心に残ることもないでしょう。

登場人物は誰か？　悪役は誰？

物語のつくり方として必要なのは、状況設定と登場人物です。ビジネスの提案で言えば、改善すべき現状に名前をつけたり、改善すべき要因を悪役として表現したりするなどが考えられる演出です。

スティーブ・ジョブスがｉＰｈｏｎｅ発表の際に、それまでのスマートフォンの「キーボード」を悪役として、「これがあるから画面が小さくなってしまうんだ」とｉＰｈｏｎｅのインターフェース（つまり主役）の素晴らしさを引き立てたというのは有名なエピソードです。


たとえば、ＳＮＳ（ソーシャル・ネットワーキング・サービス）を企業で業務活用する場合、主なコミュニケーションの手段である「メール」を悪役として、そのよくない点を挙げるということも考えられます。既存の悪役になるようなものがない場合は、新しい物語として、「こんな素晴らしい体験ができますよ」という未来を物語で見せるということもできます。

実際に、私が在籍していたＩＢＭでは、新しい革新的な技術を提案する際には、「あるお客様の１日」という形式で、目が覚めてから、通勤、買い物などの１日を表現して見せて、共感を得るという提案をしていました。

正しさだけでは人は動きません。相手の共感を得られる物語を考えてみましょう。

相手に気持ちよく動いてもらうためには?

NG

正しいことを伝えて説得する

正しいことを論理的に伝え、相手を説得するだけでは、相手は気持ちよく動いてくれません。

OK

相手の共感を得られる物語を伝える

物語は、「それはやってみたい」「そういうあるべき姿になってみたい」という「共感」がゴールです。相手の気持ちに働きかけ、積極的にその姿を目指そうという気持ちになってもらいましょう。

20 記憶に残す

「パワポ死」という言葉を知っていますか？　薄暗い会議室でスクリーンに映し出されたパワーポイントを見せられ、単調な説明が続くと、どんどん眠くなり、ついには居眠りをしてしまう状況を「パワポ死」と呼んでいます（あまりいい言葉ではありませんが……）。このパワポ死を防ぐためにも、30分間のプレゼンテーションで使うスライドであれば、3分から5分に1回は山場のあるストーリーをつくりましょう。長文の場合、見出しや要約などを入れることで、重要なことを印象づけながら読んでもらう工夫をしていきます。

その資料の「キラーチャート」はどれ？

たとえば10枚の資料があったとします。この10枚の資料を頭からずっと同じ調子で説明するのは、ストーリーに起伏がない状態です。物語に起承転結があるように、資料にも山場をつくって、盛り上がりの場面をつくりましょう。

山場をどこにすればいいのかわからない場合は、**「もしこの30分ぶんの資料を『時間がないから3分で説明して』と言われたら、どの部分をピックアップするだろう」**と自問自答してみてください。

このときにピックアップされた部分が、資料の「山場」です。プレゼン資料などではこの山場にあたるスライドを、「渾身の1枚」とか「キラーチャート」と呼んだりします。特にここは重要という場面は、わかりやすく、インパクトのある資料にまとめましょう。逆に、ピックアップしなかった部分は「時間があれば見ておいてください」と言えるくらい、メリハリのついた資料にすることが重要です。また、その部分がピラミッドで作成したメインメッセージとサブメッセージをおさえているか、チェックしましょう。

「これだけやればOK」と断言する

「結論ファースト」と同じくらい、コンサルタントの代名詞のようになっているセリフに「重要なことは3つあって〜」があります。「コンサルタントは重要なことは3つあると言い、エンジニアは重要なことは5つあると言う」というジョークがあります。

相手に全体像を示して、わかりやすく伝えるという意味では有効ですが、いつも「重要なことは3つあって〜」という資料のつくりかたがベストというわけではありません。

もし記憶に残るメッセージにしたいのであれば、結論は思い切ってひとつに絞り、言い切るのがいいでしょう。もちろん最初からひとつだけを狙い撃ちするのではなく、「いくつも検討した結果、このひとつだけで大丈夫」と言い切れることが重要です。

講演などでも「今日はこれだけお持ち帰りください」と言う講師がいますが、そう言われると、その話は必ず記憶に残るため有効な伝え方だと言えます。人は、あれもこれもやってくださいと言われるよりは、「これだけやればOK」と断言されたほうが安心でき、行動にうつしやすいものです。

結論をひとつに絞るのは勇気がいりますが、記憶に残ることを重要視するのであれば「これだけやればゴールにたどり着ける」という強いストーリーをつくりましょう。

「これだけでいい」が記憶に残る

NG

「重要なことは3つあります」

相手に全体像を理解してもらう意味では有効ですが、常にこの伝え方では強いメッセージにはなりません。

OK

「重要なことはこれだけです」

結論をひとつに絞ると、相手の記憶に残りやすくなります。事前の選択肢は広げてすべて検討したうえで、目的を達成するために必要な結論はひとつに絞りましょう。

ACTION
FACT
INTERPRETATION

第5章

より伝わる「プレゼン」

21 誤字脱字はもってのほか

プレゼンの前には、資料を印刷して、抜け漏れ、誤字脱字がないかを最終チェックします。コンペのような大型のプレゼンであれば、メンバーの全員が資料を読み、ダブルチェック、トリプルチェックをします。

本番での大失態をなくすためにリハーサルをしよう

せっかく内容がよくても、誤字脱字がある資料は、手抜きのように見えてしまいます。ある顧客満足度調査では、お客様からのクレームに、「誤字脱字や雑なコピー&ペーストが多く、顧客として重要視していない姿勢が見られた」というご意見がありました。**誤字脱字があると、仕事を頼む相手としての資質を疑われる場合があるので、細心の注意をはらいましょう。**

プレゼンの前には、リハーサルをしましょう。声に出して読むと、自分では絶対にないと思った誤字脱字に気づいたり、データの数字間違いが見つかったりします。

私は以前、「こちらのデータをご覧ください」と言った瞬間に、「わ！　違うデータが入っている！」ということがありました。やはりぱっと目でチェックをするのと、声に出してリハーサルするのでは、全然違うのです。

上書き資料でありがちなミス

注意すべきは、誤字脱字だけではありません。以前、プレゼン直前ギリギリで気づいたミスに、こんなものがありました。

匿名を条件で引き受けてくださった先方の社員さんの生の声を、実名で出してしまっていたのです。現場で聞いたお名前とコメントを、そのままコピペしていたことによるミスでした。これは本当にヒヤリとしました。

それ以外にも、よくあるのがパワーポイントのテンプレートに、以前のお客さまの名前が残ってしまっているなどのミスがあります。上書きで資料をつくっているときは、この手のミスが見落としがちになるので、しっかりとした最終確認が必要です。

目で見るだけでは気づかないミスは、検索チェックで確認するのも有効です。現場でプレゼンするだけではなく、資料そのものをメールなどでおわたしする場合は、以前のお客さまの名前が残っていないか、検索をかけてチェックしましょう。私は以前、3箇所もファイル名に名前が残っていたことがありました。

ワード文書の誤字脱字などは、プリントアウトをして確認することで、パソコンの画面上では見つけることができなかったミスに気づくことができることがあります。

そして、何より大事なのが、自分1人のチェックだけでなく、第三者に確認してもらうことです。自分で何度もチェックしていると、思い込みも強くなっているので、間違いはないものとしてチェックを進めてしまいがちです。そういうときに、往々にしてミスが生まれるのです。第三者の客観的な視点で資料を確認してもらうことで、ミスをつぶすことができます。

資料やプレゼンの内容ではなく、ケアレスミスで仕事を受注できないことほど、悔しいことはありません。あらゆる手立てを投じて、ミスをなくしていきましょう。

プリントアウトして声に出して読んでみる

NG

パソコン上でチェックする

自分1人で資料チェックをしていると、どうしても近視眼的になりがちです。大事なプレゼンの前には、プリントアウトしてチェックをしましょう。

OK

声に出し、第三者にも見てもらう

声に出してはじめてわかるミスも多いもの。そして大事なのは、第三者の客観的な視点でチェックしてもらうことです。

22 伝わる見出しと目次のつくり方

資料の見出しは、それを読んだだけで書いてある内容がわかり、同時に「その内容を知りたいな」と思われるものがベストです。興味をひく見出しをつけることができていれば、その見出しは成功していると言えます。

中身を見なくてはわからない見出しはボツ

一般的な資料の見出しを見ていると、「現状分析」「結果と解決案」というようなものをよく見かけます。これらは具体性がなく、中身をじっくり読まないと何が書いてあるかわからない、よくない見出しの例です。

見出しは、それだけを拾い読みしたら、全体像がわかるようにつけていくのがセオリーです。

たとえば、現状分析について書いているのであれば、「現状分析　3つの時間ロスが課題」というように、サブ見出し的なものをつけておくといいでしょう。

サブで入れる内容は、そのページの主張か根拠、どちらかを入れるのがいいと思います。

仮に「来期の新人研修計画」と書かれていたら、それは相手の興味関心をまったくひくことができません。そこに、「3か月でいきなり現場に出られるようになる3つのプログラム」とサブ見出しをつければ、「え？　3か月で現場を任せられるの？」と興味をひけるはずです。

テレビの「CMまたぎ」を参考にする

83ページでも紹介しましたが、見出しをつくるとき、私はテレビ番組を参考にしています。

テレビ番組はCMに入る瞬間、チャンネルを変えられないように、いろいろな工夫をしていますよね。そして、多くの番組は、問いかけの形式でCMに入っていきます。

たとえば「健康を害する3つの要因とは？」というような感じです。こういう問いかけをされると、視聴者は、CM明けに展開される内容について「何だろう？」と知りたくなります。

見出しも同じで、「○○における△△とは？」と問いかけの形をとられると、「それ、聞いてみたいな」と思われるはずです。つまり、**具体性があり、注意喚起できる見出しがいい見出しなのです。**

もし見出しに「現場分析でわかった3つの時間ロスとは？」と書かれていたら、「3つの時間のロスって、いったいそれは何だろう」と本文を読みたくなりますよね。

このように「〜とは？」とつけて問いの形にしたとき、不自然ではない見出しがいい見出しと言えます。

もちろん、すべての見出しに「〜とは？」とついていたら、それはくどくなってしまうので、あくまで「〜とは？」とつけたときに不自然ではない、「問いのある見出し」のことだと思ってください。

そしてこれらの見出しをざっと斜め読みしただけでも、資料に書いてある内容がわかるようであれば、合格点です。

図8　注意喚起ができる「○○における△△とは?」の見出し

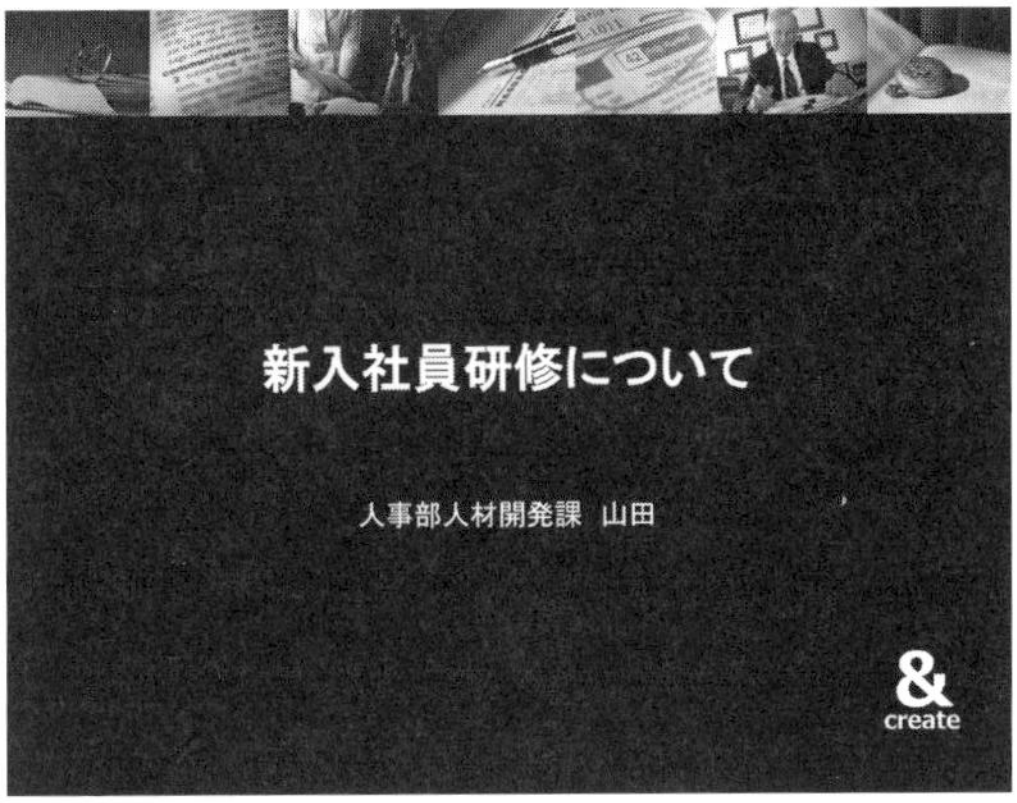

具体性がなく、何が目的の資料なのかがわからない

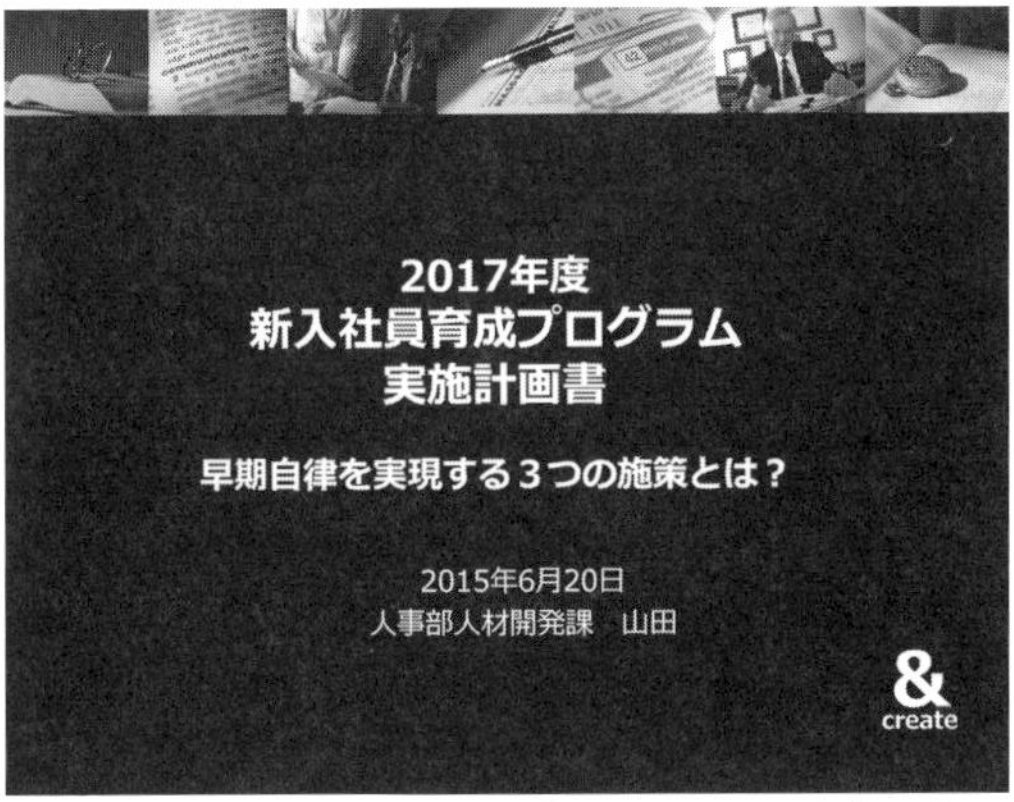

具体性があり、「○○とは!」のサブタイトルで興味をひきやすい

目次は建物のフロア案内を参考に

見出しを一覧にした目次をつくるときは、デパートや公共施設のフロア案内をイメージしましょう。

デパートのフロアは、1階は化粧品、2階はバッグと靴、3階と4階は婦人服、5階は紳士服、6階はインテリア……などと、どこに何が売っているかがわかりやすく整理されています。資料の目次も、このフロア構造のように、どこに何が書かれているのかがわかりやすくイメージできるような構造をつくりましょう。

ポイントは、単に10個見出しが羅列しているような目次ではなく、それらの項目を因数分解して同じグループごとに分けることです。「AA＋AB＋AC」があったらAでくくり出し、「A（A＋B＋C）」と見出しの共通項をまとめます。何階建ての建物なのかをはっきりさせ、それぞれの項目を並べていきましょう。

ひとつの階層に対する見出しの数は、マジックナンバーの「4」プラスマイナス1が心地いいと言われています。つまり、3か4か5のいずれかにすると、認識されやすいようです。

図9　わかりやすく構造化する

目次

1. 業界概要
2. 売上分析
3. 店舗利益率分析
4. 近年の組織図比較
5. プロセス別コスト分析結果

番号順に羅列されているだけ

↓

チェーン店展開調査　目次

1. 現状分析
　①5大プレーヤーを変遷
　②売上と販管費の各社差異

2. 課題抽出
　①店舗の不良資産化
　②組織構造の歪み
　③プロセス別機会損失

分析、課題抽出の結果が具体的にイメージできる

視認性を考えて目次をつくる

目次をつくるときに、避けたほうがいい要素があります。

まずカタカナの表現は、できるだけ日本語に置き換えられないかを考えます。その言葉を知っていたとしても、カタカナはどうしても視認性が低いので、言葉の意味がぱっと頭に入ってこないからです。

外資系の企業に向けての資料なら別ですが、そうでない場合はできるだけ日本語をメインにしましょう。特に年配者が多い会議で使うような資料は、なるべくカタカナを排除していくのがいいでしょう。かといって、漢字が多すぎる目次だと、それはそれで読みにくいので、バランス感覚が重要です。

かっこや、コロンなども、情報のノイズになるので、できるだけ目次で使用するのは避けるようにします。かっこやコロンを使わなくても、スペースを空けるだけで十分読みやすくなります。

一目で注意喚起ができるのがいい見出し

NG

「現状分析」

単に「現状分析」だけだと、その見出しから内容がまったく想像できません。いい見出しは、見ただけで内容が想像できるものです。

OK

「現状分析でわかった3つの時間のロス」

見出しの最後に「〜とは？」とつけたときに違和感がなく、「それ、聞いてみたい！」と思わせる見出しを目指しましょう。テレビのCM入り前のあおり文句が参考になります。

23 「事例くれくれ」問題を解決する紹介の方法

最近では、プレゼンのときに「成功事例を紹介してほしい」と言われるケースも多いかと思います。どんな事例をピックアップするのかは、目利きとして信頼してもらえるかどうかの判断材料になります。ここでは事例の選び方について考えましょう。

「たくさんの事例がほしい」と言われたら？

プレゼン前に受ける要望として多いのは、「先行事例を50個ほど集めてほしい」とか「同業他社の成功事例を30個紹介してほしい」といった要望です。

この要望は、結構困りものです。というのも、多くの事例を集めるのにはそれなりに時間がかかりますし、そもそも企業風土が違う会社の成功事例を知ったところで、その企業がすぐにマネできるものでもありません。また、こう依頼されると事例を集めることに意識が集中してしまい、集めた事例を単に提示するだけになってしまうという例をよく見かけます。これでは、あなたの価値を上げることはできません。

このような場合、私だったら「**たくさん事例がありますが、参考になるのは、これとこれです**」と、**絞り込んでお伝えします**。

もちろん、絞り込んでしまうと「もっと他にはないのか？」と言われることもあるので、その場合はロングリスト（紹介する事例を絞る前の候補リスト）をお見せします。

「このような取り組みをしている会社は確かに50社あります。けれども、大きく分けるとこの3パターンしかありません」というようにお伝えすれば、納得していただけるはずです。言ってみれば、目利きとして信頼してもらうということです。もちろん、「御社に必要な事例はこれです」と言い切れるくらい、先方の会社のプロファイリングができていることが大事になってきます。

ここで大事なことは、**相手は他社での成功事例を通じて導き出される、自分たちの会社で活かせる成功要因を求めているということです**。この成功要因をあなたの視点から聞けることを、相手は期待しているということを忘れないようにしてください。

同業ではなく近い業界の例を出す

「なるほど」と思ってもらえる事例の出し方には、２つコツがあります。

１つ目は、同業ではなく、近い業界の事例を出すことです。同業の会社の事例は、すでにそれなりに相手の会社も調べています。こちらが事例を紹介しても、「それはもう知っている」となりやすいので、どちらかというと別業種の事例のほうが響くことが多いなと感じます。

２つ目は、一次情報（生の声）に当たることができた事例をお伝えするということです。たとえば、事例としてはすでに有名で誰もが知っている事例だったとしても、「実際に広報担当の人に話を聞いてみたら～」「表には出ていないんですが、こんな苦労があったようですよ」などといった一次情報を交えることができると、ぐんと価値が上がります。

相手に合った成功事例を提示する

NG

「50社の事例があります」

何も考えずに単に事例リストを提示するだけでは、あなたの価値を上げることはありません。

OK

「50社の事例があります。中でも重要なのはこの3パターンです」

目利きとしての存在感を持たせるためには、相手が生かされる成功事例を抽出し、、あなたならではの分析や、一次情報を交えて伝えましょう。

24 持ち時間すべてを使って話さない

こちらから一方的に話すだけのプレゼンよりも、質疑応答で活発なやりとりができるプレゼンのほうが、聞き手の理解が深まります。持ち時間すべてをプレゼンに使うのではなく、質疑応答の時間がとれるように、余裕を持った資料設計をしましょう。

質疑応答があるほどいいプレゼン

日本人は、質疑応答の時間が嫌いな人が多いように感じます。質問されると「ミスを指摘された」と感じるからでしょうか。

けれどもプレゼンは、コミュニケーションによって理解を深めていくものです。自分が100%しゃべり切ると考えてはいけません。

「誰も異論を唱えなければプレゼンは成功」と思っている人もいるかもしれませんが、

プレゼンは、相手を打ち負かすための場ではありません。

プレゼンを「共感を得るために行なうもの」と定義すれば、質問がないプレゼンは「誰にも興味を持ってもらえなかった」「共感を得ることができなかった」こととイコールです。質問されることへの苦手意識を取り払い、質問が多ければ多いほど、いいプレゼンだったと考えましょう。

質疑応答に3分の1の時間を費やす

プレゼンをするときは、すべてを話しつくそうとは思わずに、質疑応答の時間を想定しましょう。持ち時間すべてを使わないとしゃべれない資料をつくってはいけません。

具体的には、**30分のプレゼンであれば、20分話をして、残りの10分が質疑応答になるくらいの時間配分がベストです。**

一般的に、1枚のスライドについて説明するのには3分かかると言われています。たとえば、20分間のプレゼンでは、6～7枚程度のスライドが適切です。詰め込みすぎて、自分がしゃべるだけで時間オーバーにならないように計算しましょう。

はじまりの時間よりも終わりの時間を気にする

日本企業は、はじまりの時間が遅れることに対して厳しいものです。もちろん、遅刻をしないことは、相手の貴重な時間を奪わないのでいいことです。

ただし、はじまりの時間と同じほどの厳しさを、終わりの時間に対して持っていないのはいかがなものでしょうか。

どんなに時間通りにスタートしても、時間内に終わらないのは、同じように相手の時間を奪っていることになります。

外資系企業は、むしろ終わりの時間が守られないことを気にします。場合によってはプレゼンを打ち切られることもあります。

あなたのプレゼンの時間の読みが甘くて、会議の時間を延長させたりするようなことがないように注意しましょう。

プレゼンはコミュニケーションの場

NG

持ち時間に合わせて説明する

持ち時間いっぱい機関銃のように話し続けるのは、いいプレゼンとは言えません。相手を論破するのではなく、共感してもらう場だと考え、双方向コミュニケーションの時間をとりましょう。

OK

持ち時間の3分の2で話し切る

プレゼンは3分の2で終わらせ、残りの時間はコミュニケーションの時間にしましょう。この時間でのやりとりが、プレゼン成否の鍵を握ります。

25 質疑応答こそ最重要時間

プレゼンでは、双方向のコミュニケーションが重要だと説明しました。では具体的に、質疑応答にはどのように対応するのがいいのでしょうか。

相手から聞かれそうな質問を洗い出す

プレゼンの前には、相手から出てきそうな疑問をチームのメンバーで洗い出します。チームのメンバー全員で、あえて「聞かれたくない質問」を考え、それに対して答えを出せるように準備しましょう。

最初からプレゼンですべての懸念事項をつぶして話をすると、プレゼンが冗長になってしまいます。それよりも、「このような問題が起こったら、どう対処する予定ですか？」と聞かれたときに、「それについては、このような策があります」と答えたほうが、より信頼されるものです。質問を先回りして添付資料をつくり、「その件に関しましては、添付資料をご覧ください」と言えればさらにいいでしょう。

最初からすべて手の内を見せるよりも、解決策が後から出てくるほうが、「あらゆるシチュエーションを想定してくれているんだな」と、信頼してもらえるのです。

質問の意図を確認する

プレゼンの場で質問をされたら、まずその質問内容を復唱して、質問を正しく理解しているかどうかを確認しましょう。

ときどき、意図がわからない質問がありますが、そのときは「今のご質問の主旨は、こういうことでしょうか？」と、その意図を確認してから答えると、思い違いや時間のロスを防ぐことができます。

時間のロスに関して言えば、講演などで、あきらかに汎用性のない個人的な悩みを質問されることもあります。ほかの出席者に関係なさそうな質問であれば、「後で時間をとりますので」とお伝えして、次の質問にうつるようにしましょう。

懸念事項は否定しない

企業でプレゼンを行なうと、「本当にうまくいくの？」といった否定的な質問がよくあります。こういう場合、「もちろんできます！」とケンカ腰で答えてしまうのは得策ではありません。

相手の懸念が漠然としている場合は、「ご心配されている状況をお聞かせいただけますか？」と聞いたり、「ご懸念されているのは、こういった状況ですか？」と聞いたりして、相手の気持ちに寄り添って答えることを意識しましょう。

私も以前は「自分の提案が否定された……」と、焦って言い負かそうとしていたのですが、ここで戦ってもいいことはひとつもありません。痛いところをつかれたとき、どんな対処をしたかという印象は、みんなの記憶に残っているものです。たとえプレゼンに勝ったとしても、その後の関係がぎくしゃくしてしまいます。

逆に、相手の懸念に対して「本当にご懸念の通りで、どのお客様も同じように不安になられます。われわれも、その点に関してはあらゆる状況を想定し、対応策をこのように考えています」と誠実に解答できれば、ぐんと印象がよくなります。

質問されて、相手を言い負かそうとしない

NG

「もちろんできます！」

質問をされたことで、「提案を否定された」「わかってもらえていない」と焦る必要はありません。相手の質問の意図を明確にして、相手に寄り添った解決策を提示しましょう。

OK

「本当にご懸念の通りで……」

仕事ができる人は、質疑応答の時間に密度の高いコミュニケーションをします。事前に想定される質問をすべて洗い出し、添付資料をつくっておくのもいいでしょう。

第6章

〝ダメ資料〟が劇的に変わる「ビジュアル」

26 何でも円グラフにしない

自分や部下が作成した資料を見て、「何か違う……」と感じたことはありませんか。でも、何がダメなのかよくわからず、具体的なアドバイスもできない……。これが、〝ダメ資料〟がいつまでもなくならない原因です。私はこれまで、数千人の膨大な資料をレビューしてきた中で、うまく伝わらない資料を分類し、「原因と対策」をパターンにまとめました。この章では、あなたの資料が劇的に変わる方法を紹介します。

基本の4つのグラフ

資料作成でよく使う基本のグラフは4つあります（図10）。量を比較する縦棒グラフ、変化を見るための折れ線グラフ、順位を表す横棒グラフ、内訳を表す円グラフです。

①縦棒グラフは連続したデータの量を見せるときに使用します。売上データを時系

図10　基本の4つのグラフ

縦棒グラフ

連続した特定の量を表す

- 縦軸は量を表す数値
- 横軸は時間や変化する要素
- 基点はゼロ

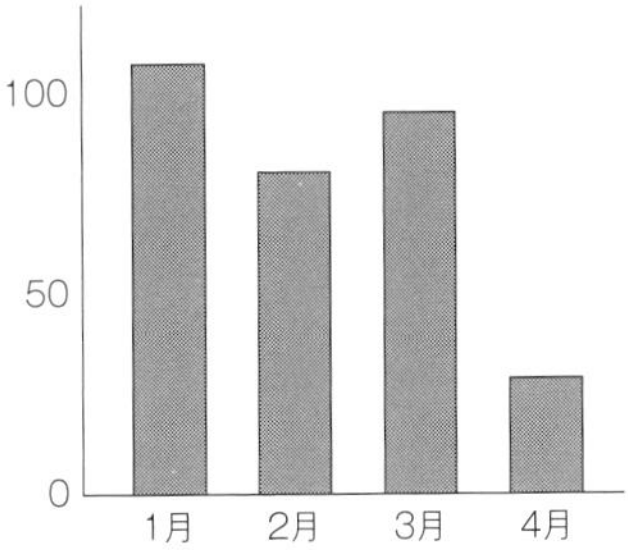

折れ線グラフ

物事の変化の傾向を表す

- 縦軸は変化を表す数値
- 横軸は時系列
- 基点は必ずしもゼロではない

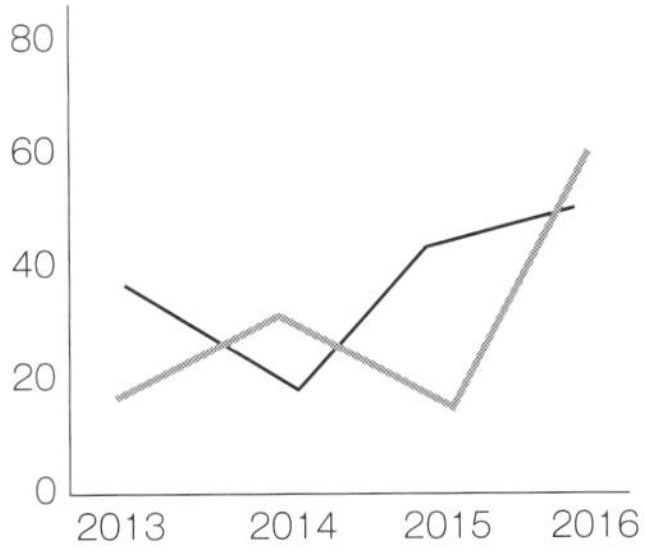

横棒グラフ

同じ属性項目の順位づけや比較を表す

- 縦軸は比較項目
- 横軸は順位や比較を表す数値
- 基点は必ずしもゼロではない

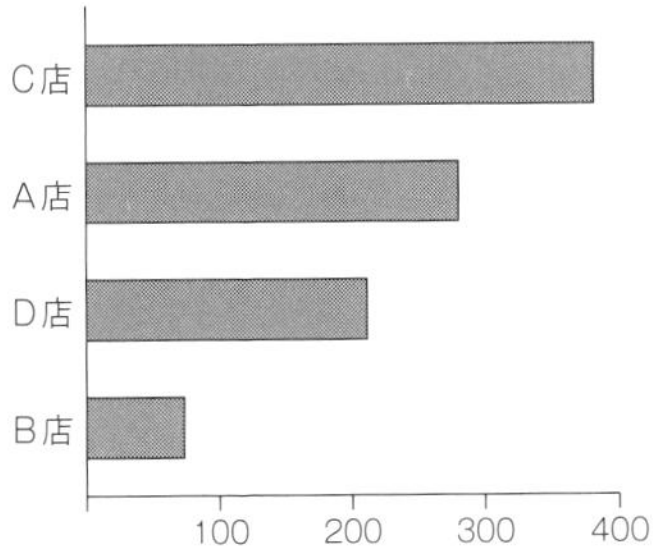

円グラフ

内訳を表す

- 縦軸は量を表す数値
- 横軸は時間や変化する要素
- 基点はゼロ

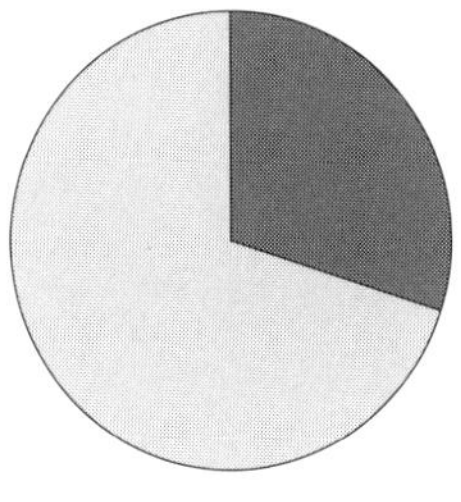

列で見せたいときに有効です。横軸は年月、期など連続する時間軸、縦軸は量を表す軸が一般的です。

②**折れ線グラフ**は変化の傾向を見せるときに使用します。縦軸は変化を表す数値、横軸は時系列です。棒グラフとの違いは、変化の度合いを見せるためのものなので、縦軸の起点はゼロにする必要がありません。

③**横棒グラフ**は同じ属性のものを順位づけして見せる際に使用します（縦棒グラフを横にしたものではありません）。縦軸の要素の並び順に意味があるグラフです。

④**円グラフ**はデータの内訳を示す際に使用します。棒グラフのような長さの比較に比べて、面積や確度は比較が難しいので、複雑なデータ比較には向いていません。

円グラフは詳細な比較には向いていない

数あるグラフの中で、非常によく使われるものでありながら、もっとも使わないほうがいいものが、「円グラフ」です。円グラフは割合を角度や面積という正確に比較しにくいものに頼る表現のため、詳細な比較には向いていません。

図11の上の図は「事業の内訳の推移を示したい」という意図で作成されました。こ

図11　事業成長を表したグラフの例

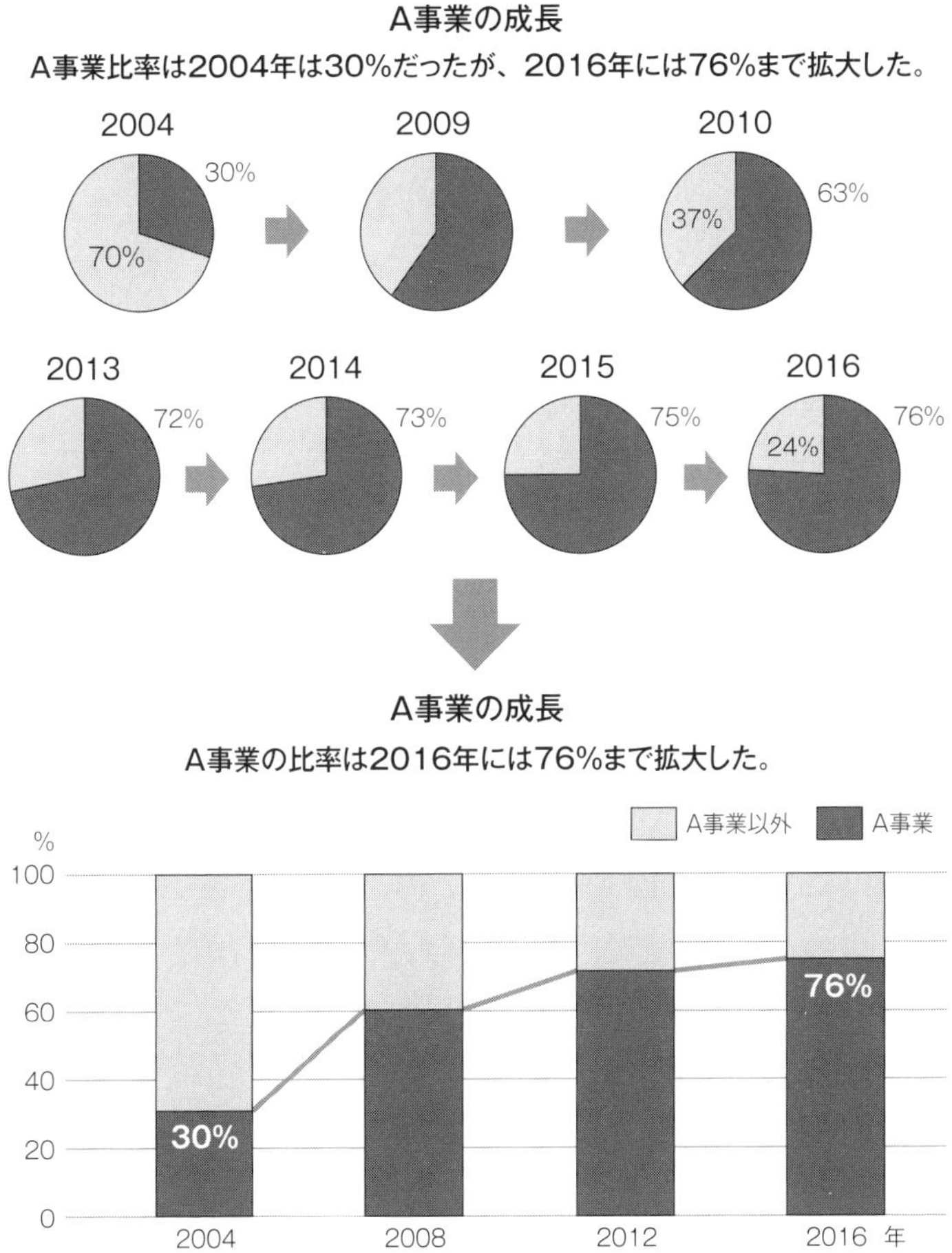

の円グラフを提出されたとき、「これって宅配便のお届け時間帯の指定チャートですか？」と感じてしまいました。円グラフは、ある時点での一時的なイメージとして使う分にはいいのですが、時系列での比較をしたいときには向いていません。

改善方法としては、図11の下の図のように積み上げの棒グラフにすることで、棒の長さという点で比較しやすくなります。

グラフ作成などに慣れていない若手のみなさんが飛びつきやすいのも、この円グラフです。アンケート結果の報告資料などで、回答者の割合を示す円グラフを並べているものをよく見かけます。こうした資料は、検証や分析の能力に問題があるのではないか、と思われかねないので注意が必要です。

グラフは量、変化、順位、内訳など比較したいものに応じて、種類を選ぶことが大前提です。そのうえで、軸の取り方やデータの並べ方、積み上げて見せることなどで、データの見せ方をより強くしていくことができます。

「いつでも何でも円グラフ」にしてしまう人は、円グラフは使用せず、意識的にほかのグラフで表現してみることを心がけてみてください。

グラフは資料の種類によって使い分ける

NG

基本は円グラフにする

円グラフは割合を角度や面積という正確に比較しにくいものに頼る表現のため、詳細な比較には向いていません。

OK

量、変化、順位、内訳など比較したいものに応じて、グラフタイプを選ぶ

目的に合ったグラフを選ぶことで、軸の取り方やデータの並べ方、積み上げて見せることなどでデータのインパクトをより強くすることができます。

27 色と3Dをやたらと使わない

資料作成やパワーポイントなどの扱いに慣れてきたときによくやりがちなのが、技術を駆使した「凝りすぎ」「過剰演出」です。カラーリングや、エンボス（凹凸加工）、影づけ、3D（立体的な視覚効果）など、ふんだんにソフトの機能を使いたくなるというパターンです。気をつけたい基本的なポイントをいくつか見ていきましょう。

「カラーリング」は論理で選ぶ

色使いは「センス」ととらえられがちですが、ビジネスの資料においてはセンスではなく論理で選んでいきましょう。基本的にはトーンがそろった色を数種類選んで基本の色とし、それよりもトーンが強いものをアクセントとして目立たせたい箇所に使っていきます。トーンとは彩度（鮮やかさ）と明度（明るさ）を合わせた色の雰囲気の

図12　棒に別々の色や模様をつけない

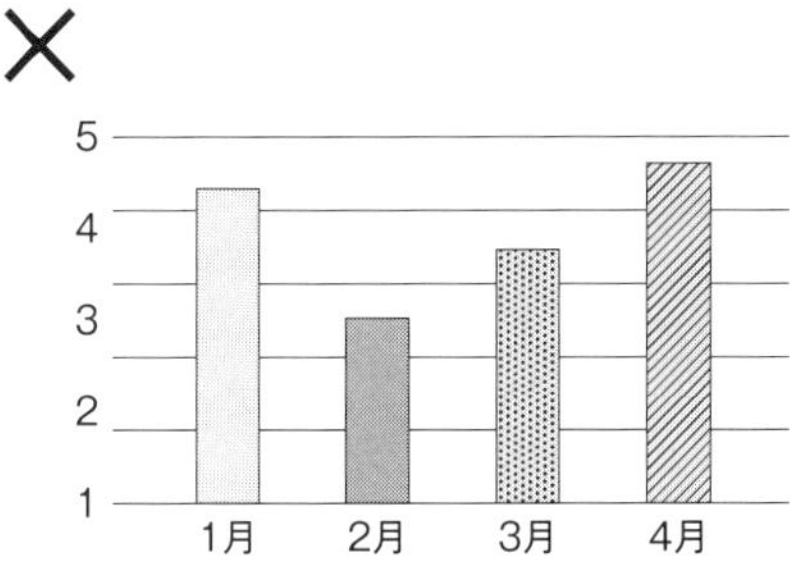

ようなものです。

つい、いろいろな色を使いたくなるものですが、プレゼンのスライドはともかく、通常の資料はプリントアウトされることを前提にして、グラフの色使いを意識しましょう。白黒でプリントアウトした場合を考えると、色にあまり意味を持たせるのはよくありません。**できるだけ無彩色**（**白・グレー・黒**）**の濃淡だけで意味が通じるようにするといいでしょう。**

「エンボスや影づけ」は意味があるときだけにする

図形や見出しなどを立体的に見せる〝過剰演出〟も不要です。資料を見る人を疲れさせ、内容に集中できなくさせてしまうからです。

逆に、平面的すぎるのも問題です。Ｗｅｂデザイ

図13　ケーキのような円グラフは正確性がない

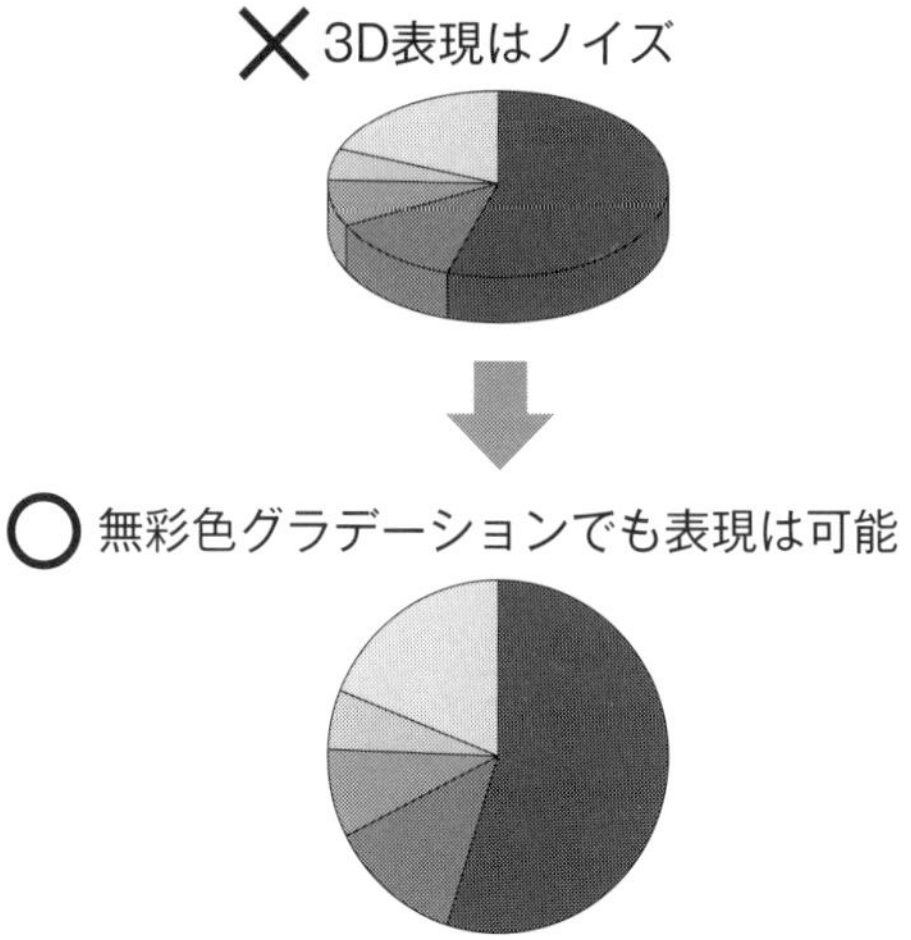

ンの世界で「フラットデザイン」という立体的表現を取り去った概念が提唱され、２０１３年以降に多くのＰＣサイトのデザインに取り入れられました。しかし、それがいきすぎてしまい、今度はクリックすべき要素と非クリック要素の区別がつきにくくなったり、情報の重要度や関連性がわかりにくくなったりするというマイナス面も出てきています。「過ぎたるは及ばざるがごとし」とはこのことです。

資料にも同じことが言えます。演出効果をねらう際は、それが**本当に意味のある演出表現であるかどうかを考えてから、使うようにしましょう。**

図14　3Dグラフは使わない

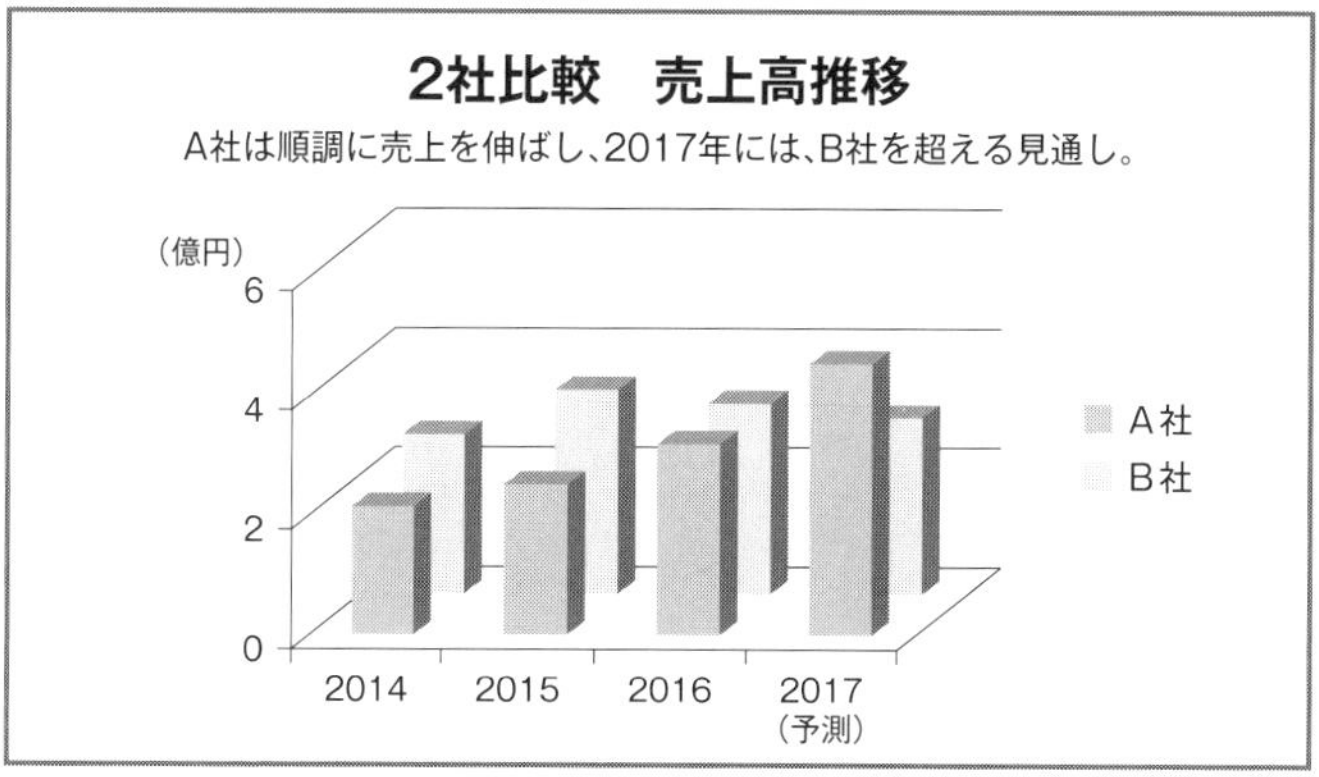

3Dはゆがみが生じ、データが見えない

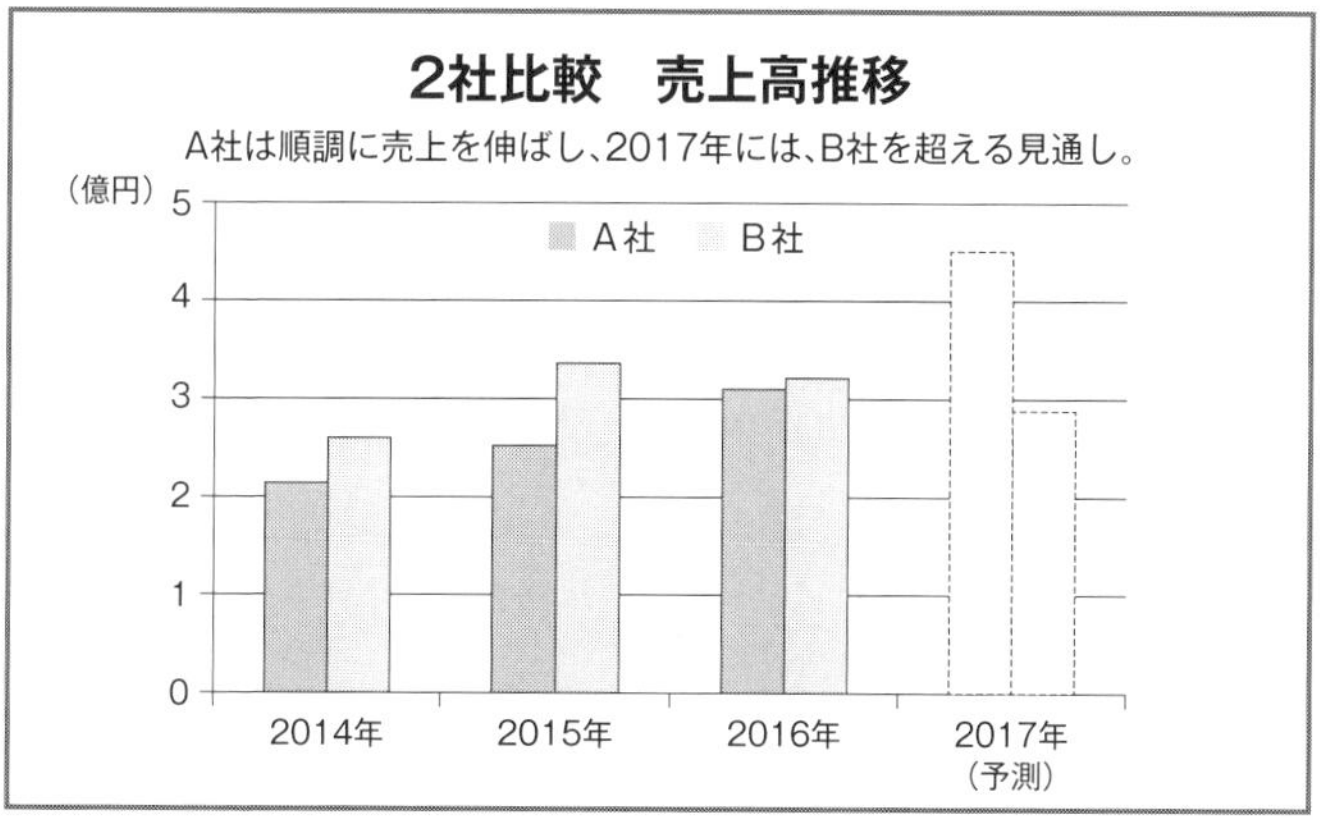

意味の異なるデータは色を変えて、誤認を防ぐ

「3Dグラフ」はビジネス文書では使わない

立体表現は意味があるかどうか考えてから使用すべきと説明しましたが、グラフとなると話は別です。グラフは、棒の長さや角度、傾きなどで比較することを目的としています。そのため、3Dにしてしまうと歪みが生じることが多いので、NGなのです。たとえばケーキのような3D円グラフは、手前の表現が大きくなってしまいます。簡単な棒グラフであっても、前方と後方では長さが違って見えてしまうのです。

クリックひとつで3Dグラフにできるため、「見栄えがいいし、かっこよさそう」という理由で多用されている3Dグラフですが、**正確さが求められるビジネスの文書では使わない**ということを意識していきましょう。

見栄えよりも正確さを重視する

NG

多くの色を使い、3Dを駆使する

図形や見出しなどを不必要に立体的に見せる〝過剰演出〟は、資料を見る人を疲れさせ、内容に集中できなくさせます。

OK

過度なビジュアルは使用しない

色や3Dは、意味のある演出表現であるかどうかを考えたうえで使うようにしましょう。

28 混線・重なりチャートは多用しない

せっかく作成した図を、「わかりにくい」と言われてしまったことはありませんか。安易に図にすることで、わかりにくくなってしまうことがあります。この原因は、「重なり」が発生していることが考えられます。特に多いのが「線の重なり」です。これが出てきた場合には、縦軸・横軸を設定することで大部分は解消できます。

「図が書けない」ときに発生している問題

「わかりやすく物事を整理して図で伝える」というスキルは、資料作成においては強みになります。

よく「絵が下手だから図は書けない」ということを言う方がいますが、ビジネス文書での図は、絵心や芸術的センスで書くようなものではありません。ロジカル・シンキングで物事を整理し、表現したいものによって選ぶべきフォーマットを決めていきます。図が書けないという場合、論理的に情報を整理できていないか、もしくは表現の仕方を知らないかのどちらかという問題があります。

また、「どうやったらわかりにくい図を直せますか?」という質問をよく受けます。コツとしては、論理的に情報を整理することができていて、わかりにくいのが表現の仕方の問題だとした場合、「重なりをなくす」ことで解決できます。このように、線が重なった場合には表現要素の配置を変えてみましょう。

「あやとり」が発生してしまったら……

図15の上の図を見てください。2つの要素で関係があるものを安易に線で結ぶということをすると、線が重なってしまい、非常にわかりにくくなってしまいます。要素の数がさらに増えたら、ごちゃごちゃしすぎてわけがわからなくなってしまいます。

図15の上の図のような「あやとり」のようになってしまったら、図15の下の図のように並べ替えることで、すっきり見せることができます。

図15　ロジカル・シンキングツールと活用シーンを表した例

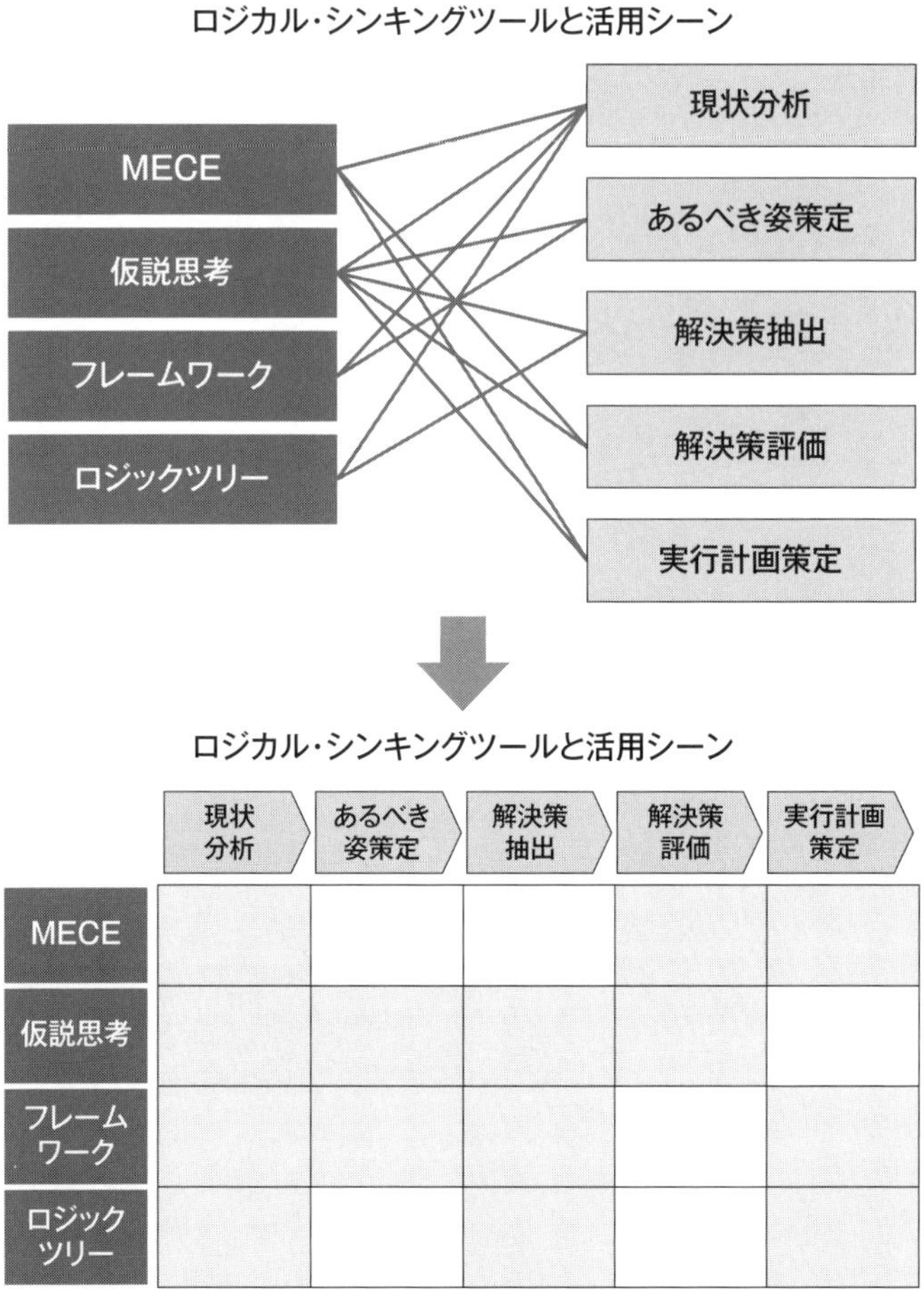

「線」が重なっているのでノイズに見えるのです。この線がどうしたらすっきりできるのかを考えましょう。この場合は、右と左の要素を縦と横に配置し直します。こうすることで、わかりにくさが一気に解消できます。混線が発生したら、関係性の選び方を見直してみることで、改善の方向性がわかります。

メッセージに合わせて表現の仕方を工夫する

重なりが出てきた場合には、基本的には選んだフォーマットが間違っていると考えてください。重なりを改善しないまま色や線などビジュアルの工夫で解消しようとせず、重ならない表現方法を考えるほうに頭を切り替えることが大事です。

図15の重なりは縦軸・横軸を設定することで解消できました。比較項目が2つの場合、縦軸・横軸を設定することで大部分は解消できるということがわかりましたね。

次ページの図16の上の図は、面の重なりで問題が発生しています。各国で3つの事業に対する、展開範囲を示すという図です。すでに縦軸・横軸が存在していて、さら

図16　グローバル展開状況の資料例

各社のグローバル展開状況

欧州のⅢ事業は4社とも展開しておらず、参入候補として検討すべき領域である。

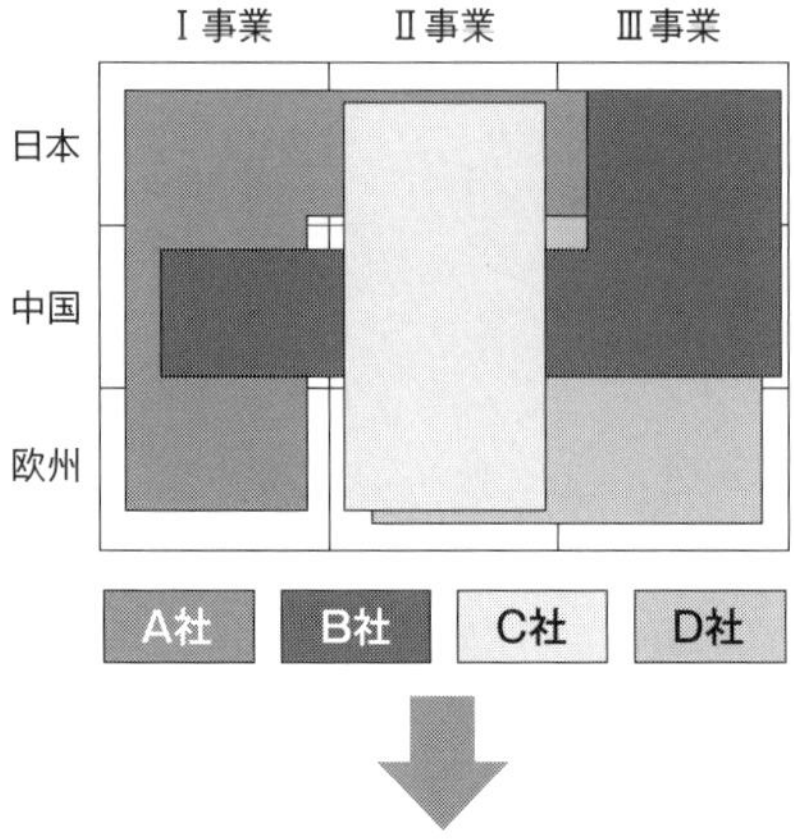

各社のグローバル展開状況

欧州のⅢ事業は4社とも展開しておらず、参入候補として検討すべき領域である。

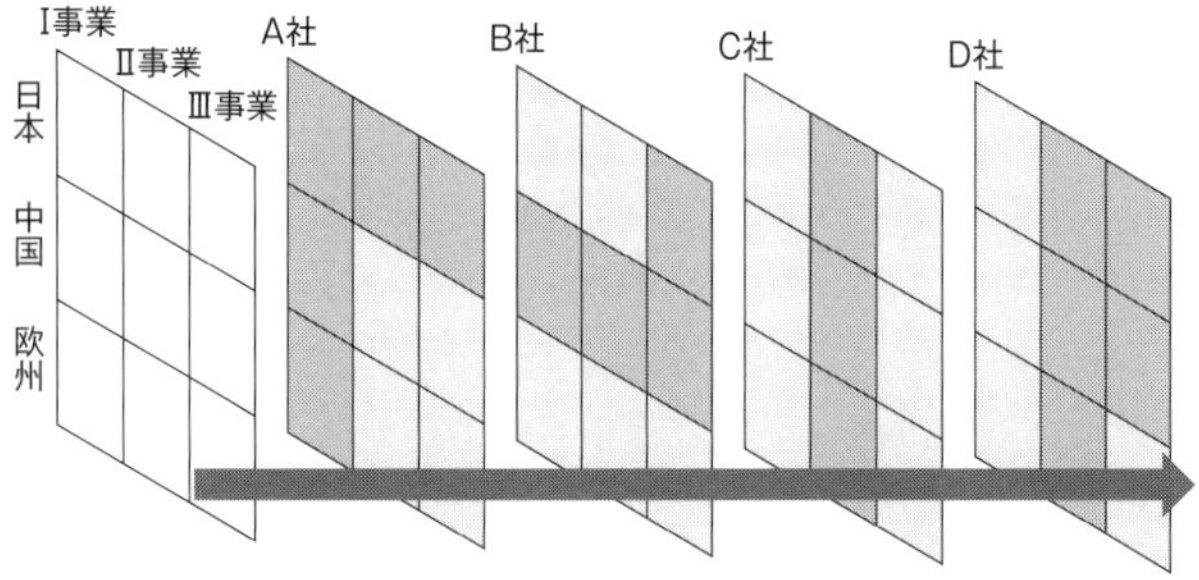

にもう一要素表現したいことがある、つまり3つの比較項目が存在しているケースです。

国と事業が縦軸、横軸に設定されており、中に配置されている図形の形と色で展開範囲を示していますが、重なりが多くなっています。下のほうの会社になるほど、どこまで展開しているのかが正確に把握できません。パワーポイントの操作に慣れてくると、色の透明度を変えたり、複数の種類の点線を使ったりして表現を工夫する人もいます。ある程度まではこうした工夫もいいのですが、要素の数が多くなり、各要素を示す値などが微妙な差異になってくるとわかりづらくなってしまいます。

改善した図16の下の図では、重なった面をずらして見せる立体的な表現に変えました（前節で「3Dはさけるべし」と言いましたが、これは珍しく3Dのいい例です）。

このように立体的に斜めにして並べた理由は、一番伝えたいメッセージである「欧州のⅢ事業は4社とも展開していない」ということを、横向きの矢印で串刺しにすることで、わかりやすく表現できるためです。

メッセージに合わせて表現の仕方を工夫しただけで、見た目をよくするためだけに凝った表現にしたわけではありません。

資料やイラストは2次元表現なので、3つの項目が入って3次元になると、判読性が一気に落ちてしまいます。先ほどの折れ線も同様ですが、線や面の重なりは軸の設定や並べ方を変えることで解消していく、ということを意識してみてください。

線が多いときは縦軸と横軸を見直してみる

NG

図解は線や色を多用する

2つの要素で関係があるものを安易に線で結ぶということをすると、線が重なってしまい、非常にわかりにくくなってしまいます。

OK

縦軸と横軸の配置ですっきり見せる

重なりが出てきたときは、選んだフォーマットが間違っていると考え、重ならない表現に変更しましょう。線や面の重なりは軸の設定や並べ方を変えることで解消していくことができます。

29 余計なデータを出さない

伝えたいメッセージに関係がないデータは、ノイズとなることがあります。たとえば「5倍という劇的な成長を果たした」というメッセージを表現したいときに、途中のデータに凸凹があると、どうしてもそこに目がいってしまいます。インパクトのある「5倍に成長した」というメッセージが、しっかりと伝わらない可能性があるのです。

思い切ってノイズカットして単純化する

ソフトバンクの孫正義社長のプレゼンテーションは、「スライドの3分の2が右肩上がりの棒グラフ」という特徴があり、インパクトのある表現方法として有名です。孫社長のスライドでは棒グラフが順調に伸びているため、途中のデータがノイズとなることはありません。

図17　当社の売り上げ成長を表したグラフの例

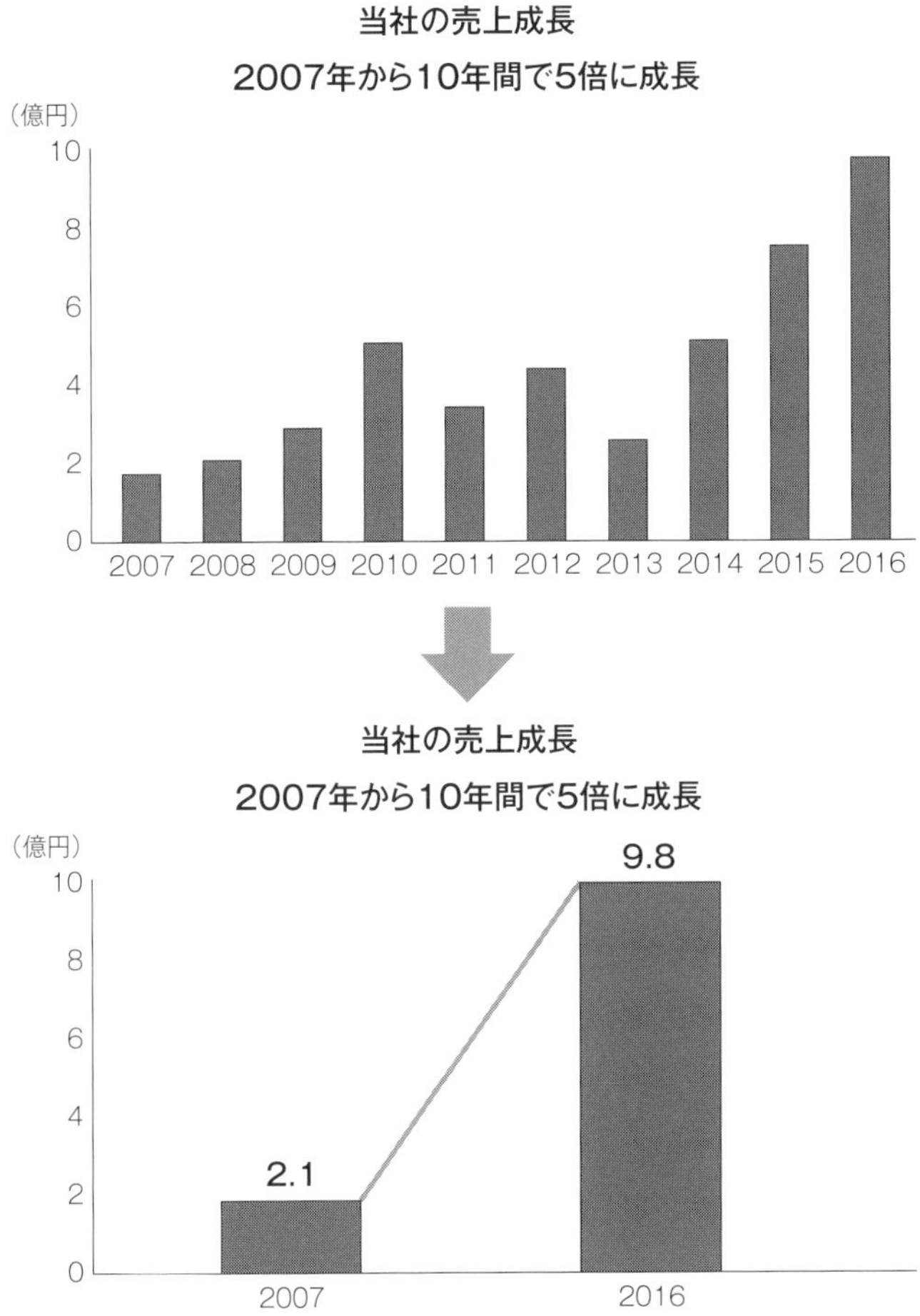

しかし、こうしたすべての数値が右肩上がりというケースは、なかなかないかもしれません。もし、自分が作成するグラフで目が止まってしまうような凹みがある場合、思い切って、最初と最後だけのデータ以外をノイズカットして、単純化してしまうほうがいいでしょう。一気にインパクトのある表現に変わります。

どのデータがそろっているとインパクトが出るかを考える

相手が慎重なタイプで、途中のデータを出さないと不信に思われそうというケースもあります。こうしたときはすべてのデータを表示します。凹みがあり、質問がくることを想定されたり、異常値として見られたりしそうな箇所に、「リーマン・ショックの年」など、原因や事象の説明を注釈で入れて説明するといいでしょう。こうすることで、相手の疑問を解消しつつ、伝えたいメッセージに集中してもらうことができます。

仕事ができる人がつくる資料は、数ある情報が整理・加工され、意味づけをされているといった付加価値があります。データをそのまま出すのは誰にでもできることですし、それでは価値が付加されていません。とりあえず全部を見せるのではなく、どのデータがそろっているとインパクトがあるのか、相手に伝わるのかを考えましょう。

ノイズは思い切ってカットする

NG

データはすべて出す

「5倍という劇的な成長を果たした」というメッセージを表現したいとき、途中のデータに凸凹があるとそこに目がいってしまい、重要なメッセージがしっかりと伝わらない可能性があります。

OK

ノイズをカットして単純化する

データをそのまま出すのでは、価値が付加されていません。全部ありものを見せるのではなく、どのデータがそろっているとインパクトが伝わるのかを考えてみましょう。

30 「で、いったい何が言いたいの？」と言われてしまう「以下の通り」

みなさんは、プレゼンのスライドを作成する際に、メッセージラインをしっかりと入れているでしょうか。メッセージラインとは、スライドのタイトルの下に2〜3行でそのスライドで伝えたいことを書くエリアのことを言います。ここでやりがちな失敗を紹介します。

メッセージラインの挿入を習慣にしよう

メッセージラインは非常に重要であるにもかかわらず、そもそもこのエリアを設けていない資料が多いようです。あったとしても、グラフの上に「以下の通り」などと書いても書かなくてもいいようなものになっていたり、「過去の売上推移を分析した」などと、単に自分がやったことを書いていたりなどの資料をよく見かけます。特に若手のみなさんはそうしてしまいがちのようです。

プレゼンテーション用のスライドであれば口頭での説明をメインとするためいいのですが、**相手に読まれることを想定した資料にはメッセージラインは必須です。**その データによって何を伝えたいのかを端的に伝える部分なので、これがあると相手の理解を一段と促すことができるのです。単にグラフを貼りつけただけで「よし、できた！」となってしまいがちですが、それだけでは何を言いたいのかが相手に伝わらないため、メッセージラインの挿入は習慣にすべきです。

また、「メッセージとは伝えたいことだ」と言う方がいますが、68ページでも説明したように、メッセージには「主張」と「根拠」がそろっていなければなりません。主張とは「〜すべきである」、根拠とは「〜だから」という理由でした。この2つがそろっていない状態を「ロジックエラー（論理の破綻《はたん》）」と言います。根拠がないのは論外ですが、逆に根拠だけで主張がない、というケースも見かけます。その場合、外国人からは「So what?」（それで何がいいたいの?）と聞かれてしまいます。

どうすべきなのかという主張がない

「以下の通りである」という文章は最悪です。主張がなく、グラフから読み取れる根拠を説明することを放棄しているからです。「他者製品は近年下降ぎみ」といった根拠だけを述べているケースもありますが、その根拠によって、たとえば「自社の主力製品をさらに投入すべき」など、どうすべきなのかという主張を明記することが必要です。

私が駆け出しのコンサルタントだったころは、オフィスで資料を作成している新人のパソコンを後ろから覗き込んで「ゴミだな」と言って去っていく先輩コンサルタントや、「価値がないね」と言いながら、資料をつくった本人の目の前でビリビリと破いてしまうというパートナーがいたものです。そうやって作成する資料の価値を考える癖を叩き込まれてきました（今ではパワハラと言われてしまいそうですが……）。

資料にはデータから自分が読み取った考察を加えることはもちろん、さらに一歩踏み込んで「だからこうすべき」というメッセージを整えるのが、仕事のできる人です。図解テクニック以前に、「この資料には付加価値があるか」を意識していきましょう。

自分の主張を必ず伝える

NG

「以下の通りです」

主張がなく、グラフから読み取れる根拠を説明することすら放棄しています。どうすべきなのかという主張を明記すべきです。

OK

「だからこうすべきなのです」

データから自分が読み取った考察を加え、さらに一歩踏み込んで「だからこうすべき」というメッセージを整えましょう。

31 その資料、「昭和度」が高くありませんか？

資料には、時々によって新鮮さを感じさせるものがあります。たとえばAppleの新作発表会でスクリーンに映し出されるスライドは、最先端のグラフィック、フォントを使用しているということが、なんとなくわかるのではないでしょうか。では、逆に古さを感じさせてしまう資料というものもあります。そうした資料を、私は「昭和度が高い」と言っています。

何でも囲みたがる病

昭和度が高い資料の大きな例としては、何でも囲みたがるという点です。パッと見て、「そんな囲みはいらないんですけど……」とすぐに感じるほど、囲みが多い資料のことを言います。パワポで丹念につくられた資料ということはよくわかるのですが、すべてが枠で囲まれている、という資料は年配者が作成するものに多く見られます。

色使いの面に目を向けると、とにかく蛍光色が使われているものは、昭和度が高いと感じられてしまいます。「とりあえず蛍光ピンク、蛍光グリーン、蛍光イエローで強調しよう」という考えで作成しているのだと思いますが、これが古く感じてしまうのです。こうした資料を見ると、「これ、昭和だ」とすぐに感じてしまうことがあります。見やすいなら昭和的で問題ありませんが、余計な線や派手な色はノイズになるため、決して見やすいとは言えません。

フォントにもトレンドがある

「昭和度が高い資料」を避けるためには、常に資料作成の技術をアップデートする意識を持つことが大切です。その際に意識することは、先ほどの図形の囲み、色、そしてフォントです。

フォントはどんどん最新で読みやすいものがアップデートされているため、積極的にトレンドを意識する機会を増やしていってください。今、MS明朝でプレゼン資料をつくったら、やはり昭和っぽさを感じさせてしまうことになりますし、ゴシックでも古い感じが漂ってしまう、というのが事実です。

見やすいフォントとして、よく使われている最新のものは、「メイリオ」です（図18）。可読性が高く、スライドやWeb用フォントとして広く使われるようになってきました。

英文フォントでは、視認性重視のフォント「Verdana」が人気です（図19）。これらはあなたがお使いのPCのフォントの種類の中に出てくるかと思うので、ぜひ試してください。

フォントの種類は、意識することが大事です。私がIBMにいた当時、グローバルレベルで一斉に使用フォントを切り替える、というタイミングが何度かありました。「これからパワーポイントは、こういうルールでやってください。使うフォントはこれです」といったレギュレーション（改則）です。こうした機会を経てから資料作成をすると、それ以前の資料がとても古臭く見える、ということを何度も経験しました。

提案するお客様にもよりますが、やはり先進的なことをやっているというイメージを感じてもうらためには、最新のトレンドを意識した資料作成をやらなければアピール度が変わってくるのだということを実感してきました。

図18　見やすいフォント「メイリオ」

あのイーハトーヴォの
すきとおった風、
夏でも底に冷たさをもつ青いそら、
うつくしい森で飾られたモーリオ市、
郊外のぎらぎらひかる草の波。
祇辻飴葛蛸鯖鰯噌庖箸

図19　見やすい英文フォント「Verdana」

ABCDEFGHIJKLMN
OPQRSTUVWXYZÀÅ
abcdefghijklmnopqr
atuvwxyzàåéîõø&12
34567890($£€.,!?)

スライドの文字は「高橋メソッド」が見やすい

1スライドに大きなフォントというシンプルなスタイル、プレゼンでよく見かけると思います。これは、日本Rubyの会の高橋征義さんによって考案された「高橋メソッド」というプレゼンテーションの技法です（図20）。

2001年に、ある学会で高橋さんが講演するにあたり、あいにくプレゼンテーションツールを持ち合わせていなかったことから、急遽、巨大な文字だけで構成されたHTMLによるプレゼンテーションを行なったことがはじまりとされています。

当時のHTMLは、現在のような視覚的に優れた加工ができなかったので、スライド1枚に少しの文字しか書けなかったそうです。しかし、プレゼンが終わってみれば、それが一番わかりやすかったと評判になり、今ではプレゼンの主流になっているのですから、わからないものですね。

ソフトバンクの孫正義さんも、高橋メソッドを使用していると言われています。有名なのが、68ポイントくらいのフォントでドンッと文字が出てくる、インパクトのあるプレゼンです。

図20　文字だけでわかりやすいプレゼンを演出する「高橋メソッド」

高橋メソッド
について
日本Rubyの会　高橋征義
特徴
懇切丁寧に
書いていると
文字を大きく
できないため
高橋
メソッド
巨大な
文字
歴史的
経緯に
より
プレゼン
テーションの
一手法
簡潔な
言葉
なぜか笑いを
取りに行きがち

強調する方法としては王道です。シンプルこそ相手に伝わる、重要な事実です。

資料作成は「総合格闘技」

本章でご紹介してきたダメ資料の改善テクニックは、ある症状に対する対症療法でしかありません。一時的に症状は緩和しますが、資料作成の体系的なスキルを身につけることで未然に防ぐことを目指したほうが、長期的には成果につながります。

本書の冒頭でもお伝えしましたが、資料作成はひとつの技だけで完結するようなものではなく、総合格闘技とも言えます。情報を入手し加工分析するインプットスキル、論理的に考えるためのロジカル・シンキングや創造的なアイデアを考えるためのプロセススキル、文章やグラフ、図で表現するアウトプットスキルなど、多岐にわたったスキルが必要です。

これまで自分が作成した資料を見ることで、それまでの過程のどこがまずいのかを把握することができます。ぜひ自身の資料を振り返り、強化していきましょう。

古さを感じさせず、わかりやすく伝える

NG

まずは囲んで図解

パッと見て、「そんな囲みはいらないんですけど……」と感じさせる資料ほど、囲みが多い資料は古いイメージを与えてしまいます。

OK

文字だけでもわかりやすくできる

余計な囲みなどで強調するよりも、文字だけでシンプルに相手に伝えることもできます。使用するフォントにも気を配り、わかりやすい表現方法を選びましょう。

第7章

ケース別・資料作成の極意

32 「議事録」も「空、雨、傘」の理解が重要

コンサルティングファームでは「議事録を見れば、その社員が優秀かどうかわかる」とよく言われていました。新人は研修で、議事録をとる練習を何度もさせられます。議事録は、事実と解釈を分けて書き、最終的にはアクションリストにまとめて共有しなくてはいけないので、実はなかなかにハードルの高い文書です。

議事録に必要な要素

私も新人のころには、映画『ミッション：インポッシブル』のように「明日、○○に行ってきて」と上司からボイスメッセージを受け取り、自分がまったく知らない業界のクライアントの会議に出席させられて、そこで議事録をとらされるというトレーニングを受けてきました。

議事録には「逐語録」と、要点をまとめた「議事録」があります。

逐語録とは、誰が何を話したのか、すべてを書き取るもののことを指します。ここではこの逐語録ではなく、会議後に参加者が共有し、参加できなかった人もそれを読めば内容がわかるといったタイプの、いわゆるオフィシャルな議事録について説明します。議事録に必要な要素は以下の項目です。

- **日時**
- **会議の開催場所**
- **出席者**
- **会議の目的**
- **参加者の主要な発言**
- **結論**
- **アクションリスト（ＴＯ ＤＯリスト）**

これらがすべてそろって、はじめて議事録として成立します。

事前準備ですべてが決まる

議事録をとるためには、しっかりとした事前準備が必要です。

まず大前提ですが、会議の目的を知っていること、おおよそどんな意見が交わされそうかを予想しておくことが大事です。また、毎回発言者の名前を打ち込んでいると時間が足りないので、事前に参加者の名前を把握していることはもちろん、その立場や考えをあらかじめ知っておくことも重要です。

これらの準備があって、はじめて会議の流れを予測することができ、わかりやすい議事録を作成することができます。

議事録は、会議での発言の公式記録になります。後から「こんなことは言っていない」「こういう意図で話したわけではない」と認識のズレが生じないように、できるだけ早く確認してもらうようにしましょう。

スピードを優先する場合は、議事録をとっているパソコンの画面をそのままプロジェクターに映し出し、その場で全員が内容をチェックしながら進行していくケースもあります。

そこまで急いでいない場合だったとしても、理想を言えば、会議の最中にほとんど議事録を打ち終わっていて、会議後少し見直しをしたら、すぐに関係者にメールできるといった状態が最善です。

メールに添付する議事録とは別に、本文には、ワンスクロールで読める程度のアクションリスト（ＴＯ ＤＯリスト）を書き出しておくと親切です。

私が在籍していたＩＢＭでは、議事録は、ある程度フォーマット化していました。あらかじめ目的、総括を書いたアジェンダを作成し、会議前日までには出席者にメールで送付しておきます。当日の会議では、出席者は話し合うテーマがわかっているので、その項目に沿って会話が進行します。議事録の書き手は、フォーマットに穴埋めをしていくだけでいい、というものです。

これにより、会議がスムーズに進行し、議事録は会議中に仕上げることができます。また、議論のポイントが絞られるので、議事録の読者に何を伝えたいのかが明確になるというメリットがあり、おすすめの方法です。

議事録に必要なのも「空、雨、傘」

105ページでも説明しましたが、議事録にも、「空、雨、傘」の理解が重要です。くり返しになりますが、「空」とは事実のこと。「○○部長が△△と言った」。これは事実（＝空）です。でも、議事録はただの発言録ではないので、なぜ○○部長がこのような発言をしたのか、その解釈（＝雨）も明記されなくてはいけません。そして、最終的にはどのような行動（＝傘）をとることにしたのか、具体的に明示しなくてはなりません。

わかりにくい議事録は、発言の事実と解釈が混同してしまったり、どのような行動をとればいいのかがはっきりしていなかったりします。もし会議の中で意図がわからない発言があったら、「○○さんのおっしゃっているのは、こういう意味ですか？」と、議事録をとっている人が確認しなくてはなりません。

また、会議の結論がアクションリストに落ちていない場合も同様です。「誰が何をいつまでにやるのか、ここで決めましょう」と、アクションリストが決定するまでをサポートしていきましょう。

議事録はアクションを明確に記す

NG

「山田部長、○○と言う」

議事録は、単なる発言集ではありません。「空、雨、傘」を意識して、最終的にはアクションに落とし込めるように記録しましょう。

OK

「○○が起きたので、今後△△が起こります。□□して準備してください（山田部長）」

「事実、分析、行動」を分けて書いてあるのがいい議事録です。アクションが定まらない場合は、積極的に取りまとめを。

33 「報告書」は次のアクションまで盛り込む

報告書には大きく分けて活動報告、障害報告、調査報告があります。いずれも、その報告書の本来の目的に沿って書くことを意識しましょう。

その報告書で読み手は何を知りたいか

みなさんになじみが深い報告書といえば、日報やプロジェクトの活動報告でしょうか。このような報告書は、目的を意識していれば、的外れな内容になりません。

たとえば日報は、単に「今日、この作業をしました。1時間半かかりました」という行動記録を上司に報告するために書いているわけではありません。この作業をしたことでどのような成果があったのか、今後どのような課題が起こりそうなのか、などを報告するのが本来の役割です。

プロジェクトの活動報告書でも、単にどこの会社の誰と会ったかを書けばいいわけではありません。**読む人が知りたいのは、その「成果」です。**

たとえばお客さまを訪問したのであれば、そこで何を得ることができたのかを報告します。「提案が1ステップ前に進んだ」とか、「ヒアリングした結果、○○に課題あり。次回、解決策を提案することで合意」といった成果とセットで報告されているのが望ましいでしょう。

トラブルの報告は早いほどいい

報告書の中には、「始末書」や「障害報告」といった、できれば書きたくないような文書もあります。しかし、このような報告書ほど、人から言われる前にすばやく出してしまったほうがいいでしょう。51ページでも説明しましたが、先に言えば説明になることも、後に人から言われてやると言い訳になってしまうからです。

始末書や障害報告に必要なのは、事実と、それによってどんな影響が起きたか、再発防止のためにはどんな対策が打てるのかの3点セットです。ここでも、「空、雨、傘」の考え方が生きてきます。

その調査は何の仮説検証をするためのものか

調査報告にありがちなのが、「○○というデータが出ました、以上」で終わってしまっているものです。「だから何なの?」「ここからどんな示唆が得られたの?」と読み手に思わせてしまう報告書は、いい報告書とは言えません。

調査報告がただのデータの羅列になってしまう人は、「そもそもこの調査は何を仮説検証するための調査だったのか」という部分に立ち戻ってください。

「この商品は30代よりも20代に響いているはずだ」という仮説を証明するために行なった調査であれば、結論としては「その通りでした」なのか、「実は仮説とは違って30代のほうが購入率は高かったです」なのかの分析報告ができるはずです。さらには、その結果を受けて、どのような行動にうつせばいいかまでを提案できるのが、仕事ができる人です。

次に何をすべきかが書いてあるのがいい報告書

NG

「○○というデータが出ました、以上」

報告書は、事実だけを示すものではありません。その事実はどのような仮説を裏づけるのか、今後どのようなアクションにすればいいのかを提示しましょう。

OK

「このデータから○○が読み解けます。次は△△のアクションをとります」

仕事ができる人は、調査報告に分析結果と次のアクションを盛り込みます。

34 「依頼文書」は相手が受けるメリットとデメリットを伝える

人に何かを依頼する文書をつくる場合は、その相手に依頼する理由はもちろん、「それを引き受けた場合の相手のメリット」を併記するのがセオリーです。

ある講演会の依頼文

先日、講演の依頼メールが送られてきました。

そこには、講演の日時とテーマが書かれていて、「興味を持たれたら、ご連絡をください。詳細をお送りします」と書かれていました。

「これは、いったいどのようにお返事すればいいものか……」「どうして私に依頼をしたのだろう？」と感じ、困ってしまったことがありました。向こうから依頼をしておきながら、興味を持ったら連絡くださいというのも、なんだかなあ……と思ってしまったのです。

たとえば講演を依頼する場合には、以下の要件を伝える必要があります。

・なぜその人に依頼をしたいのか、その理由

・その人が講演を受けた場合のメリット

たとえばエコについて研究している教授に、講演を依頼するとしましょう。その場合は、次のような文書を送るのがいいでしょう。

「弊社は企業の社会的責任として、早い段階からエコ活動を強力に推進しています。今後もエコにおいて最先端の活動をしたいと考えております。つきましては会社の周年記念パーティで、エコ活動の第一人者の◯◯先生のお話をおうかがいしたいのです」

このように書けば、その教授は「自分が選ばれた理由」がよくわかるでしょう。

さらに、この講演の謝礼、また、「当日は弊社の１０００人の社員が話を聞かせていただくだけではなく、いくつかの媒体が取材に入るので、先生の活動も広く知らさ

図21　講演会の依頼文

件名：講演のお願い

　株式会社○○商品企画部の山田と申します。

　この度弊社にてセミナーを実施いたします。ついては、ご専門の環境問題についてご講演をお願いいいたしたく、ご連絡しております。

　ご興味を持たれましたら、詳細お送りいたしますので、ご連絡お願い申し上げます。

新作『これからのエコ』にも期待しています。

依頼理由、判断理由がわからず、後回しにされる

件名：講演のお願い

　株式会社○○の商品企画部の山田と申します。突然のお願いで恐縮でございますが、ご著書を拝読しご講演を賜りたく、連絡を差し上げました。

　弊社は企業の社会的責任として、早い段階からエコ活動を強力に推進しております。今後もエコにおいて最先端の活動をしたいと考えており、つきましては会社の周年記念パーティで、エコ活動の第一人者の○○先生のお話をおうかがいしたく、お願い申し上げる次第です。下記条件でご検討いただけますでしょうか。

1. テーマ　：環境問題について
2. 日時　　：平成○○年○月○日　10:00～11:00
3. 会場　　：○○センター　大ホール
　　　　　　東京都○○区○○1-2-3（最寄駅　半蔵門）
4. 謝礼　　：○円

　当日は弊社の1000人を超える社員がお話を聞かせていただくだけでなく、いくつかの媒体が取材に入る予定であり、先生のご活動を広く知られる機会にもなるかと存じます。詳細はご相談のうえ決定いたします。ご検討いただき、御諾否のお返事をいただければ幸いです。

　新作『これからのエコ』も今から発売を心待ちにしております。

判断材料がそろっており、相手への配慮が感じられる

れるのではないか」といったメリットも併記すれば、より引き受けてもらえる可能性が高まります。

やらない場合のデメリットを伝える

相手に、その行動をとらなかった場合のデメリットを伝えて依頼を受けてもらう方法もあります。

私はかつて外資系企業で本社の外国人スタッフと仕事をしていたとき、依頼した作業を全然やってもらえないどころか、メールの返信さえこないことに悩んでいました。

そこで、私が先方に送っている英文メールをネイティブの人に添削してもらったら、**「日本人はこれをやらないとどんな問題が起こるかを書かないから、メールの返事がもらえないんだよ」**と言われたことがあります。

それ以来、その仕事をしない場合の相手のデメリットを必ず書くようにしたら、それからは一発でレスポンスがくるようになりました。

たとえば、総務のスタッフが全社員に向けて提出物の依頼メールを出す場合、「5

月30日までに資料を提出してください」だけでは、面倒だなあと思って後回しにされがちです。でも、「この日までに提出していただけないと、社内の補助制度が受けられなくなります」といったリスクも併記しておけば、提出率はぐっと上がるでしょう。

これはカルチャーによる違いでもありますが、日本での仕事であったとしても、優先順位を上げてもらう、ちょっとした工夫をしてみましょう。

やらなかったときのデメリットを伝える

NG

「5月30日までに資料を提出してください」

ただ期日を伝えるだけでは、相手に「面倒だな」と感じられてしまい、仕事が前に進みません。

OK

「5月30日までに資料を提出しなければ補助制度が受けられません」

その作業をしなかった場合の相手のデメリットを伝えられれば、作業の優先順位を上げてもらえます。

GOAL

おわりに

最後までお読みいただき、ありがとうございました。NG例とOK例の対比はわかりやすかったでしょうか？

私は研修講師や個人の方へのコンサルティングを通じて、多くの方の資料の添削や改善のためのアドバイスを行なっています。その中でよく言われることが、

「自分では気がつかずにやってしまっていた」

「これがいけないと知っていれば失敗しなかったのに……」

「今まで誰からも教えてもらったことがありませんでした」

という言葉です。「こうしましょう」と指導するよりも、「これをやるとだめですよ」ということを教えたほうが、資料の質が格段によくなることがわかってきました。

添削やアドバイスのご依頼は年々増加しているのですが、残念ながらそのすべてにおこたえすることができていません。本書ではたくさんのNG例を紹介してきましたので、私がふだん行なっている添削の代わりになればとも思っています。

添削の依頼が増えてきた理由として、日常業務の中で上司や先輩から指摘を受ける

場面が減ってきているということが一因としてあるようです。思い返してみれば、私がコンサルタントとして駆け出しだったころは、作成した資料や議事録にびっしりと修正指示の赤入れをされた経験がありました。これは、今となってみればとてもありがたい財産になっています。しかし、近年では職場環境がますます多忙を極めていることから、なかなか部下や後輩の指導まで手がまわらないという方も多いでしょう。本書は、そのような方が後輩に指導をする際の一助にもなればと思っています。

最後になりましたが、今回、執筆の機会をいただいた日本実業出版社のみなさまのさまざまなお気遣いと、正確でスピーディなお仕事に心より感謝の意を表します。また、20年以上にわたり指導してくださった先輩、上司のみなさま、一緒にお客さまのためにがんばってきた仲間たち、そして研修・講演・執筆の機会を与えてくださった企業やご担当のみなさま、私の講座を受講してくださったみなさま、本書の制作・展開に携わってくださったすべてのみなさま、いつも変わらぬ愛情で支えてくれている家族に、心より感謝の気持ちをお伝えしたいと思います。

そして何より、読者のみなさまに心よりお礼申し上げます。資料作成という総合格闘技でさらなる高みを目指し、ご自身の夢を実現されることを心より願っております。

清水久三子（しみず　くみこ）
1998年にプライスウォーターハウスコンサルタント（現IBM）入社後、企業変革戦略コンサルティングチームのリーダーとして、新規事業戦略立案・展開プロジェクトをリード。2005年、当時の社長から「強いプロフェッショナルを育ててほしい」と命を受け、コンサルティングサービス&SI事業の人材開発部門リーダーを務める。延べ5,000人のコンサルタント、SEを対象とした人材ビジョン策定、育成プログラム企画・開発・展開を担い、ベストプラクティス（成功事例）として多くのメディアに取り上げられる。2013年に独立。2015年6月にダイバーシティ、ワーク・ライフバランスの実現支援を使命とするOrganize Consulting株式会社を設立。著書に、『プロの学び力』『プロの課題設定力』『プロの資料作成力』（以上、東洋経済新報社）、『1時間の仕事を15分で終わらせる』（かんき出版）がある。

できる人《ひと》が絶対《ぜったい》やらない資料《しりょう》のつくり方《かた》

2017年３月20日　初版発行

著　者　清水久三子

発行者　吉田啓二

発行所　株式会社日本実業出版社　東京都新宿区市谷本村町３−29 〒162-0845
大阪市北区西天満６−８−１ 〒530-0047
編集部　☎03-3268-5651
営業部　☎03-3268-5161　振　替　00170-1-25349
http://www.njg.co.jp/

印刷／理想社　　製本／共栄社

この本の内容についてのお問合せは、書面かFAX（03-3268-0832）にてお願い致します。
落丁・乱丁本は、送料小社負担にて、お取り替え致します。

ISBN 978-4-534-05481-4　Printed in JAPAN

「絶対○○しない」シリーズの本

できる人が絶対やらない部下の動かし方

武田和久　定価本体1400円（税別）

頭ごなしに「なぜやってないんだ！」と言うのを、「進捗を確認しようか」と変えるだけで、部下との誤解や気持ちのすれ違いがなくなり、気持ちよく仕事ができる。「部下を動かす」NGなやり方とOKなやり方を対比しながらわかりやすく解説。

仕事の速い人が絶対やらない時間の使い方

理央　周　定価本体1400円（税別）

「仕事をしたつもり」をなくせば残業ゼロでも圧倒的な成果を生み出せる！　1日24時間という限られた時間のなかで考えるべきは、「なにをやめて、なにをやるべきか」。時間術の達人がNGとOKを対比しながらわかりやすく解説。

好かれる人が絶対しないモノの言い方

渡辺由佳　定価本体1300円（税別）

ちょっとしたひと言で、誤解や気持ちのすれ違いはスッキリなくなる！ 言葉が生まれる前の「気持ち」をていねいに掘り下げながら、相手に好印象を与える「モノの言い方」を、ＮＧとOKを対比し、どのように言い換えればいいのかを解説します。

※定価変更の場合はご了承ください。